Competência Jurisdicional em Matéria de Previdência Privada Fechada

Konrad Saraiva Mota

Graduado em Direito (2003); Pós-graduado em Direito (Pós-graduações Lato Sensu 2004 e 2012); Mestre em Direito (Pós-graduação Stricto Sensu 2012); Juiz do Trabalho junto ao TRT 7ª Região (Aprovado em 1º Lugar no Concurso Público de 2006); Ex-Juiz do Trabalho junto ao TRT da 14ª Região (Aprovado em 4º Lugar no Concurso Público de 2004); Juiz Coordenador dos Leilões Judiciais junto ao TRT da 7ª Região (de 2008 a 2010); Agraciado pela Ordem Alencarina do Mérito Judiciário Trabalhista no grau de Oficial (2009); Conselheiro da Escola Judicial do Tribunal Regional do Trabalho da 7ª Região (desde 2010), Professor de Direito do Trabalho e Direito Processual do Trabalho da Universidade de Fortaleza — Unifor nos cursos de graduação e pós-graduação (desde 2007); Professor Colaborador da Escola da Magistratura do Trabalho da 7ª Região; Professor de Cursos Preparatórios para Concursos Públicos e Exame da OAB.

Competência Jurisdicional em Matéria de Previdência Privada Fechada

EDITORA LTDA.
© Todos os direitos reservados

Rua Jaguaribe, 571
CEP 01224-001
São Paulo, SP — Brasil
Fone (11) 2167-1101
www.ltr.com.br

Produção Gráfica e Editoração Eletrônica: R. P. TIEZZI
Projeto de Capa: FABIO GIGLIO
Impressão: COMETA GRÁFICA E EDITORA
LTr 4799.7
Junho, 2013

Dados Internacionais de Catalogação na Publicação (CIP)
(Câmara Brasileira do Livro, SP, Brasil)

Mota, Konrad Saraiva
  Competência jurisdicional em matéria de previdência privada fechada / Konrad Saraiva Mota. — São Paulo : LTr, 2013.

  Bibliografia
  ISBN 978-85-361-2583-1

  1. Competência (Justiça do trabalho) 2. Direito previdenciário 3. Previdência privada I. Título.

13-05228   CDU-34:368.4

Índice para catálogo sistemático:

1. Brasil : Competência jurisdicional em matéria de previdência privada fechada : Direito previdenciário 34:368.4

*As minhas filhas, Ana Letícia, Ana Júlia e Ana Sofia,
pelos momentos de ausência como pai,
dedicados ao trabalho como professor.*

AGRADECIMENTOS

Todo trabalho de pesquisa nos remete a um caminho de dedicação e empenho que não é trilhado sozinho. Muitos foram os que contribuíram para que, direta ou indiretamente, a pesquisa fosse concretizada.

Agradeço em primeiro lugar à minha família, em especial minha esposa, Lílian Mariano Fontele Mota, e minhas três filhas, Ana Letícia Fontele Mota, Ana Júlia Fontele Mota e Ana Sofia Fontele Mota, pela alegria imprescindível à superação dos obstáculos nos momentos de dificuldade.

Agradeço à minha avó, Judith Teixeira Mota, meu anjo da guarda de todas as horas.

Ao amigo e professor Doutor Eduardo Rocha Dias, pela compreensão e estímulo indispensáveis à consecução da pesquisa, debatendo e ponderando relevantes sugestões à qualidade do trabalho.

À professora Doutora Uinie Caminha que, desde a qualificação do projeto, participa do trabalho, cooperando ativamente para seu desenvolvimento.

Ao professor Doutor André Studart, por ter aceitado tão cordialmente participar da banca examinadora.

Agradeço, finalmente, a todos da Universidade de Fortaleza, instituição por meio daqual me tornei Bacharel, Especialista e, agora, Mestre em Direito.

SUMÁRIO

Prefácio 13

Introdução 15

1. Previdência Privada Fechada 19
1.1. O sistema previdenciário brasileiro 19
1.2. O regime fechado de previdência privada no Brasil 25
    1.2.1. Terminologia utilizada 25
    1.2.2. Evolução histórico-normativa do regime de previdência privada brasileiro 28
    1.2.3. A relação jurídica de previdência privada 35
        1.2.3.1. Sujeitos da relação jurídica de previdência privada fechada 37
            1.2.3.1.1. Patrocinador ou instituidor 37
            1.2.3.1.2. Participante ou assistido 41
            1.2.3.1.3. Entidades fechadas de previdência privada 47
            1.2.3.1.4. Estado 52
        1.2.3.2. Objeto e conteúdo da relação jurídica de previdência privada fechada 54
        1.2.3.3. Regime jurídico aplicável à relação de previdência privada fechada 56

2. Contrato de Previdência Privada Fechada 61

2.1. A relação de previdência privada fechada como negócio jurídico contratual 61

2.2. Formação e desenvolvimento do contrato de previdência privada fechada 66

    2.2.1. Formação do vínculo contratual 66

    2.2.2. Desenvolvimento do contrato de previdência privada fechada ... 71

        2.2.2.1. Custeio dos planos de benefícios contratados e administração das reservas 71

        2.2.2.2. Execução dos benefícios ofertados 78

    2.2.3. Institutos peculiares do contrato de previdência privada 82

2.3. Contrato de previdência privada fechada e contratos afins 90

    2.3.1. Diferença entre o contrato de previdência privada fechada e o contrato de seguro privado 90

    2.3.2. Diferença entre o contrato de previdência privada fechada e o contrato de trabalho mantido entre o participante e o patrocinador 95

        2.3.2.1. Bases teórico-normativas de definição do contrato de trabalho 95

        2.3.2.2. Parâmetros de diferenciação entre o contrato de trabalho e o contrato de previdência privada fechada 98

3. Competência Jurisdicional em Matéria de Previdência Privada Fechada 107

3.1. Aspectos gerais sobre a distribuição de competência jurisdicional 107

3.2. Dissenso jurisprudencial e doutrinário relacionado à competência jurisdicional em matéria de previdência privada fechada 109

3.3. Análise de abrangência da competência trabalhista trazida pela Constituição Federal de 1988 114

    3.3.1. Extensão da competência trabalhista diante da interpretação prevalente na redação originária do art. 114 da Constituição Federal 114

3.3.2. Aparente incongruência gerada pela inclusão dos incisos I e IX no art. 114 da Constituição Federal pela Emenda Constitucional n. 45, de 2004 116

3.3.2.1. Suposto equívoco do constituinte reformador: ausência de conteúdo no inciso IX do art. 114 constitucional 117

3.3.2.2. Diferença de significado e abrangência entre os incisos I e IX do art. 114 da Constituição: oriundo *versus* decorrente 120

3.4. A competência da justiça comum como regra geral de fixação para solução de conflitos em matéria de previdência privada fechada 122

3.5. Conflitos em matéria de previdência privada fechada passíveis de serem enquadrados no rol de competência da Justiça do Trabalho 124

3.5.1. Compromissos assumidos pelo empregador antes da edição da Lei n. 6.435, de 1977 125

3.5.2. Conflitos em que o empregador frustra a facultatividade de adesão do empregado ao benefício previdenciário privado ofertado, impondo-lhe a adesão ao plano ou a não adesão 128

3.5.3. Conflitos em que o empregador frustra a universalidade da oferta de adesão ao plano aos seus empregados 130

3.5.4. Conflitos em que o empregador realiza descontos salariais indevidos para custeio de plano previdenciário privado ou altera a natureza salarial de parcela sobre a qual incide a contribuição respectiva 132

3.5.5. Conflitos em que cláusulas de negociação coletiva de trabalho imponham a adesão ou a não adesão, frustrem a universalidade, imponham descontos indevidos para adesão a planos ou suprimam a natureza salarial de determinadas parcelas 136

Conclusão 141

Referências 145

PREFÁCIO

Honrou-me o autor, Konrad Saraiva Mota, Magistrado do Trabalho e Professor Universitário, com o convite para prefaciar sua obra *Competência jurisdicional em matéria de previdência privada fechada*, decorrente da Dissertação de Mestrado que, sob minha orientação, apresentou e defendeu perante a Universidade de Fortaleza.

O livro, fruto de reflexão cuidadosa, mas ao mesmo tempo corajosa, enfrenta, com o espírito crítico típico do pensamento científico, o tema da competência da Justiça do Trabalho no tocante a questões exsurgentes do cumprimento de contratos de previdência privada complementar mantidos por entidades fechadas (fundos de pensão).

O crescimento do mercado constituído pelos fundos de pensão, que, no final de 2011, já contava com 337 entidades fechadas de previdência complementar, movimentando ativos da ordem de R$ 602,63 bilhões, por si só já justifica o interesse do estudioso em conhecê-lo. Trata-se do futuro da proteção social, decorrente do redimensionamento do espaço a ser ocupado pelos sistemas públicos de proteção social, seja o Regime Geral de Previdência Social, sejam os regimes próprios de previdência dos servidores ocupantes de cargos efetivos.

Ainda assim, vários temas carecem de mais reflexão por parte da doutrina e da jurisprudência, dentre os quais, justamente, o objeto da presente obra, que atrai uma interpretação adequada dos arts. 114 e 202, § 2º, da Constituição.

Sem recair em comodismos, ou aderir ao conforto que a inércia decorrente da prevalência de uma dada corrente jurisprudencial pode ofertar, o autor examina com percuciência os argumentos que embasam as posições hoje dominantes no TST e no STJ, pronunciando-se também quanto aos eventuais posicionamentos que o STF pode vir a adotar quando concluir o julgamento do RE 586453, em que se discute o assunto.

Isso não sem antes introduzir o leitor no sistema normativo representado pela previdência privada complementar, sobretudo a fechada, e percorrer o tema da competência da Justiça do Trabalho após a Emenda Constitucional n. 45/2004.

Apresenta, ao final, hipóteses em que a competência seria da Justiça Comum Estadual e situações em que cumpriria à Justiça do Trabalho decidir, mostrando que qualquer tentativa de pôr fim de forma simplista à divergência jurisprudencial hoje existente dificilmente daria conta da riqueza que a realidade impõe ao operador do Direito.

Cumpre o autor, com maestria, o que dele se esperava, sob a perspectiva das exigências do Programa de Pós-Graduação em Direito da Universidade de Fortaleza, ofertando ao leitor, seja o estudante, sejam o advogado e o Juiz, um texto claro, didático, elegante, mas também profundo, com nítidas implicações práticas. Espera-se, por tal motivo, que a obra venha a ter a devida repercussão, enriquecendo a bibliografia brasileira sobre previdência privada complementar.

Finalizo desejando ao autor que prossiga sua trajetória acadêmica com a mesma seriedade com que se dedicou à conclusão de seu curso de Mestrado e que volte a oferecer à comunidade, quiçá como fruto de curso de Doutorado, outras obras como a que ora vem a público.

Eduardo Rocha Dias
Professor Doutor da Universidade de Fortaleza — Unifor
Procurador Federal em Fortaleza

Introdução

A preocupação do homem em prevenir-se contra os riscos inerentes à própria existência, zelando pela manutenção de condições mínimas de vida diante de contingências que podem levar à morte ou à incapacidade para o trabalho, conduziu a sociedade ao desenvolvimento daquilo que se concebe como seguridade social.

A seguridade social compreende em si o conjunto de ações ligadas à saúde, assistência e previdência, estruturado e administrado, com vistas à prevenção, e garantia de um padrão de vida aceitável àqueles que, por algum motivo, comprometeram sua saúde ou tiveram afetada sua capacidade de subsistência.

Dentre os segmentos que compõem a seguridade, merece destaque a previdência social, assim entendida como "[...] a técnica de proteção social destinada a debelar as necessidades sociais decorrentes de contingências sociais que reduzem ou eliminam a capacidade de autossustento dos trabalhadores e/ou de seus dependentes" (DIAS; MACEDO, 2010, p. 36).

Acontece que o sistema previdenciário, embora fortemente atrelado à postura garantidora gerada no ideário do bem-estar social, não se restringe a obrigações necessariamente concedidas pelo Estado.

Especificamente no tocante ao sistema previdenciário brasileiro, mais precisamente àquele instituído sob a égide da Constituição Federal de 1988, sabe-se que o mesmo reconhece a existência de dois regimes previdenciários paralelos e autônomos entre si: um básico e compulsório (público); e outro auxiliar e facultativo (privado).

Destarte, compõe o sistema previdenciário brasileiro, além do regime público oficial, o denominado regime de previdência privada, por meio do qual uma determinada entidade previdenciária — dissociada do Estado, mas autorizada e controlada por este — administra a formação de reservas para a concessão de benefícios contratados.

Como espécie desse regime previdenciário privado, sobressai aquele que se intitula fechado, na medida em que ofertado apenas a empregados de uma determinada empresa ou grupo de empresas; ou aos associados de uma dada entidade setorial, profissional ou de classe.

A relação jurídica previdenciária privada fechada é, portanto, estabelecida tendo como sujeitos: a entidade previdenciária (pessoa jurídica sem fins lucrativos, criada ou não pelo patrocinador ou instituidor); o patrocinador (empresa ou grupo de empresas) ou instituidor (associação ou entidade de classe); o participante (empregado do patrocinador ou associado do instituidor) ou assistido (participante ou terceiro por este indicado em gozo do benefício); e o Estado, que regula e fiscaliza a relação.

Acontece que, mormente no vínculo previdenciário privado fechado patrocinado, por manter um liame indireto com o contrato de emprego do qual remotamente deriva, podem ser identificados robustos dissensos doutrinários e jurisprudenciais acerca da fixação da competência jurisdicional para dirimir os conflitos respectivos.

A cizânia envolve, basicamente, a Justiça Comum e a Justiça do Trabalho, cada uma com fundamentações que levam a crer a existência de sua respectiva competência, o que se traduz em julgados diametralmente opostos emanados pelas Cortes Superiores brasileiras.

O problema a ser investigado consiste, pois, na necessidade de definir e caracterizar o contrato previdenciário fechado, dissociando-o em especial do contrato de emprego para, em seguida, estabelecer as bases argumentativas que permitirão identificar qual o juízo competente para processar e julgar os conflitos em matéria de previdência privada fechada.

O presente trabalho, portanto, tentará responder como é estruturado o sistema previdenciário no Brasil e onde se situa o regime de previdência privada fechada, estabelecendo a relação jurídica de previdência privada fechada, a partir da identificação de seus sujeitos, objeto, conteúdo e regime jurídico aplicável.

Em seguida buscará evidenciar como é formado e desenvolvido o contrato previdenciário privado fechado, diferenciando-o de outros que lhes são afins, em especial os contratos de seguro privado e de trabalho.

Outrossim, cuidará de investigar se é possível fixar uma regra geral de competência jurisdicional, em matéria de previdência privada fechada.

Para tanto, será imprescindível uma análise hermenêutica do art. 114 da Constituição Federal, tanto em sua redação originária como naquela que lhe foi conferida pela Emenda Constitucional n. 45, de 2004.

Finalmente, a pesquisa apresentará situações em que a Justiça do Trabalho pode ser considerada competente para a solução dos conflitos respectivos, à luz do disposto no referido art. 114 da Constituição Federal.

A metodologia utilizada, quanto aos objetivos, é exploratória, procurando, nos argumentos postos, subsídios para que prevaleça a visão do pesquisador. Também se configura como explicativa ao ceder interpretação aos textos pesquisados.

O método de investigação é o dedutivo, partindo-se de aspectos gerais para a análise específica do problema proposto. Ocasionalmente, utilizou-se o método hipotético-dedutivo, apresentando soluções possíveis ao problema e falseando aquelas que se consideram insustentáveis.

A pesquisa é dogmática e, segundo a utilização dos resultados, é aplicada, tendo por finalidade o aproveitamento do conhecimento já desenvolvido por autores diversos quanto ao objeto de estudo e ao tema que se examina.

Quanto à natureza, a pesquisa é qualitativa, pois analisa a pertinência da transferência de conceitos e teorias ao tema proposto e verificar sua extensão. Os instrumentos utilizados foram essencialmente bibliográficos.

Trata-se de trabalho que conserva em si certo ineditismo de abordagem e que, por suposto, não estará isento de críticas e amadurecimento científico. Por outro lado, o estudo aqui apresentado tem pretensões práticas indissociáveis, visando a contribuir para a solução de impasse já evidenciado, no que concerne à definição da competência jurisdicional em matéria de previdência privada fechada.

1. PREVIDÊNCIA PRIVADA FECHADA

Não obstante o objeto precípuo deste trabalho centre-se na aferição da competência jurisdicional em matéria de previdência privada fechada, mormente visando estabelecer bases argumentativas capazes de justificar a definição do órgão judicial incumbido de dirimir os conflitos surgidos no âmbito dessa específica relação securitária, torna-se imprescindível que se faça, com vistas a uma melhor delimitação do assunto abordado, uma breve análise do sistema previdenciário brasileiro.

Ressalte-se, contudo, que a investigação que aqui será realizada possui caráter eminentemente funcional, voltado a identificar onde se situa o regime de previdência privada fechada na Constituição Federal brasileira e como o mesmo se desenvolve, pois não se admite ser possível compreender adequadamente a "parte" sem que se tenha ao menos uma noção do que seja o "todo".

Advirta-se, todavia, que a pretendida funcionalidade investigativa não permitirá realizar incursões maiores do que aquelas estritamente necessárias à demarcação do objeto proposto. Por outro lado, não se deixará de considerar informações essenciais à robustez da investigação, afastando, com isso, qualquer imputação de superficialidade.

1.1. O SISTEMA PREVIDENCIÁRIO BRASILEIRO

Pierre Moreau (2011, p. 27) nomina de Sistema Nacional de Seguridade Social (SNSS) "a rede de componentes que, enquanto unidade, alberga a totalidade dos esquemas e planos de proteção no Brasil". Pressupondo que o caráter fundamental da Seguridade Social está pautado no dever universal de amparo do ser humano em face das contingências danosas da vida em sociedade, o autor aponta duas vias de acesso à proteção contra tais problemáticas sociais: a previdenciária e a assistencial.

Corroborando com a visão de Moreau (2011) para o sistema securitário acima apresentado, a Constituição Federal de 1988 destinou um capítulo inteiro (Capítulo II) ao tratamento da Seguridade Social no Brasil, que por sua vez foi topologicamente inserido no Título VIII, dedicado à Ordem Social.

O art. 194 constitucional define a seguridade social como "[...] um conjunto integrado de ações de iniciativa dos Poderes Públicos e da sociedade, destinadas a assegurar os direitos relativos à saúde, à previdência e à assistência social". Da leitura do dispositivo citado, percebe-se que tal previsão reúne em si aspectos extremamente relevantes no tocante aos contornos subjetivo e objetivo do sistema de seguridade social brasileiro.

Subjetivamente, é de se notar que as ações securitárias não ficam a cargo tão somente do Estado, cabendo igualmente à sociedade — e, portanto, aos particulares — empreender esforços no sentido de implementar a proteção social pretendida pelo constituinte[1]. Já em termos objetivos, a Constituição acabou por congregar em um mesmo sistema a saúde, a previdência e a assistência, traduzindo o ideário de ampla proteção do cidadão contra os riscos sociais.

Sem ignorar a importância dos demais modelos de proteção constitucionalmente consagrados (saúde e assistência), merece destaque uma análise do sistema previdenciário brasileiro.

Historicamente[2], a previdência social no Brasil foi oficialmente concebida pelo Decreto-lei n. 4.682, de 24 de janeiro de 1923, mais conhecido como "Lei Eloy Chaves"[3], que criou as primeiras Caixas de Aposentadoria e Pensões (CAPs) para companhias ferroviárias, estendendo-se, posteriormente, aos marítimos.

Em 1930, com a criação do Ministério do Trabalho, Indústria e Comércio, o Estado brasileiro passou a conferir maior importância à questão previdenciária, época em que foram implementados os primeiros Institutos

---

(1) Pulino (2011, p. 38), embora reconheça que, na prática, as ações de seguridade social constituem basicamente deveres a serem conferidos ao Estado, admoesta que "[...] não seria correto, a rigor, afirmarmos que apenas o Estado teria legitimidade para empreender atividades afetas à seguridade social, já que inequivocamente, a própria Constituição, expressamente, prevê a participação direta da sociedade na matéria".

(2) Dados históricos retirados de Moreau (2011, p. 40-43).

(3) Eloy Chaves é o nome do deputado paulista que apresentou o projeto do Decreto-lei n. 4.682/1923.

de Aposentadorias e Pensões (IAPs), abrangendo os empregados urbanos e boa parte dos trabalhadores autônomos. As CAPs e os IAPs coexistiram até meados dos anos 1960, quando foi criado no Brasil o Instituto Nacional de Previdência Social (INPS). Ocorreu que, em 1977, aproximadamente três anos após o início das atividades do Ministério da Previdência Social, fora fundado o Sistema Nacional de Previdência e Assistência Social (Sinpas), que reunia sete outros órgãos[4] e tinha a pretensão de integrar todas as atividades de previdência urbana e rural.

Essa pluralidade de órgãos responsáveis pela administração do custeio e da concessão de benefícios previdenciários e assistenciais somente começou a ser superada com o advento da Constituição de 1988, que integrou no já citado Sistema Nacional de Seguridade Social (SNSS) as ações de saúde, assistência e previdência.

Atualmente, especificamente no que tange à previdência social, extrai-se da Constituição Federal brasileira a existência de dois grandes regimes, os quais — a despeito da índole securitária de finalidade comum, voltada à cobertura dos beneficiários frente às incertezas do porvir — não podem ser confundidos entre si.

O primeiro desses regimes consubstancia o que se denomina de *Previdência Pública*, de caráter contributivo e filiação obrigatória[5], pautado no interesse social de proteção mínima do segurado e de seus dependentes contra os efeitos trazidos pelas contingências que levam à morte ou à incapacidade, total ou parcial, para o trabalho.

A Previdência Pública, por sua vez, subdivide-se em dois regimes menores: um deles dedicado aos trabalhadores da iniciativa privada (assim como a todos aqueles que, facultativamente, queiram aderir), ao qual se denomina *Regime Geral de Previdência Social (RGPS)*; e o outro, estabelecido em favor dos servidores públicos, ocupantes de cargo de provimento efetivo, conhecido como *Regime Próprio de Previdência Social (RPPS)*, de caráter contributivo e solidário[6].

Pulino (2011, p. 95) esclarece que a Previdência Pública é *oficial*, *obrigatória* e *básica*. *Oficial*, porque instituída pelo Estado e prestada sob o

---

(4) Segundo Moreau (2011, p. 42), compunham o SINPAS os seguintes órgãos: Instituto Nacional de Previdência Social (INPS), Instituto de Administração Financeira da Previdência e Assistência Social (IAPAS), Instituto Nacional de Assistência Médica da Previdência Social (INAMPS), Fundação Legião Brasileira de Assistência (LBA), Fundação Nacional do Bem-Estar do Menor (FUNABEM), Empresa de Processamento de Dados da Previdência Social (DATAPREV) e Central de Medicamentos (CEME).

(5) *Vide* art. 201 da Constituição Federal de 1988.

(6) *Vide* art. 41 da Constituição Federal de 1988.

regime de direito público. *Obrigatória*, visto que imposta por lei a todos os trabalhadores. E *básica* porque pretensamente destinada a alcançar a "proteção das situações de necessidade social sentidas pelos trabalhadores ou por seus dependentes, que se encontrem abaixo do limite legalmente estipulado para a cobertura do respectivo regime". Nas palavras do autor:

> Em suma, constituem características da previdência oficial, desenvolvida pelo RGPS ou pelos RPPSs: (a) desenvolvimento, *sob regime de direito público*, com administração em princípio a cargo de entidades estatais, de direito público (a própria administração direta ou mediante autarquias), e mediante fixação dos planos de benefícios e de custeio, bem como o próprio desenvolvimento de suas ações, sempre por lei (não por negócio jurídico privado); (b) *vinculação obrigatória* dos trabalhadores ao respectivo âmbito de proteção; e (c) combate de situações de necessidade social *básicas* (porque comportadas abaixo do teto fixado em lei), mas voltadas à manutenção, em alguma medida (na medida do histórico laboral-contributivo, do próprio trabalhador, ainda que imperfeitamente), do nível de vida do trabalhador, e não, necessariamente, ao atendimento do patamar de mera subsistência ("mínimos sociais") — cujo combate fica a cargo, basicamente, dos benefícios do subsistema de assistência social (PULINO, 2011, p. 95-96).

Outrossim, vale realçar que, além da Constituição Federal, o regime público de previdência tem como arcabouço normativo fundamental as Leis ns. 8.212 e 8.213, de 1991, regulamentadas pelo Decreto n. 3.048, de 1999, que tratam sobre o RGPS, bem como leis esparsas específicas (nacionais, estaduais, municipais e distritais), tratando sobre os RPPSs.

Outro aspecto marcante no regime público de previdência brasileiro refere-se à forma de custeio. Com efeito, o custeio dos benefícios no modelo público de previdência é pautado pelo que Weintraub (2005, p. 48) denomina *de solidariedade social intergerações*.

Tal solidariedade traduz-se operacionalmente na repartição do custeio, com elevado grau de solidariedade, pressupondo que "quem está trabalhando paga os benefícios dos aposentados e pensionistas atuais" (WEINTRAUB, 2005, p. 45). Obviamente que essa sistemática demanda uma reposição populacional capaz de permitir que os ativos suportem os benefícios dos inativos.

No RGPS, a solidariedade intergeracional sobressai evidente, dado o disposto no art. 195, II, da Constituição Federal, que veda expressamente a incidência de contribuição sobre os benefícios de aposentadoria e pensão. Por sua vez, o art. 28, § 9º, alínea "a", da Lei n. 8.212, de 1991, retira do rol de incidência de contribuição (salário de contribuição) todos os benefícios da previdência social, exceto o salário-maternidade. Resulta, pois, que, como regra, os beneficiários não contribuem.

Por outro lado, nos regimes próprios de previdência, a aludida solidariedade intergerações foi mitigada pela Emenda Constitucional n. 40, de 2003, que incluiu o § 18 no art. 40 da Constituição, prevendo a incidência de contribuição sobre os proventos de aposentadoria e pensões que superem o limite máximo estabelecido para os benefícios do regime geral de previdência social.

O segundo dos mencionados regimes previdenciários envolve o que se conhece por *Previdência Privada*, de adesão facultativa, baseada na constituição de reservas que garantam os benéficos contratados[7]. A Previdência Privada, igualmente, subdivide-se em dois regimes menores: um *Fechado*, que abrange apenas participantes vinculados a determinado patrocinador ou instituidor; e outro *Aberto*, acessível a qualquer um que queira vincular-se ao plano de benefícios oferecido (individual) ou integrante de determinado grupo (coletivo), mediante contribuição[8]. Juntamente com a Constituição Federal, a Previdência Privada é regida pelas Leis Complementares ns. 108 e 109, de 2001, bem como por outras normas civis.

Segundo Pulino (2011, p. 125-169), dois são os critérios de diferenciação entre entidades fechada e aberta de previdência privada: um referente à própria entidade e outro relativo aos planos de benefícios operados.

No que tange à própria entidade, assinala o autor que, enquanto as entidades fechadas organizam-se sob a forma de fundações[9], as entidades abertas somente serão concebidas como sociedades anônimas. Por decorrência, não se exige das entidades abertas representação dos participantes dos respectivos planos nos órgãos estatutários de administração; enquanto que os estatutos das entidades fechadas, por força do disposto no art. 35, § 1º, da Lei Complementar n. 109, de 2001, deverão prever representação dos participantes e assistidos nos conselhos deliberativo e fiscal.

---

(7) *Vide* art. 202 da Constituição Federal de 1988, com redação dada pela Emenda Constitucional n. 45, de 1998.

(8) Sobre os regimes de previdência social, recomenda-se DIAS, Eduardo Rocha; MACÊDO, José Leandro Monteiro (2010, p. 42-46).

(9) Embora o art. 31, § 1º, da Lei Complementar n. 109, de 2001, autorize que as entidades privadas sejam constituídas sob a forma de sociedade civil, tem-se que tal figura não está em consonância com o Código Civil de 2002, já que abolida por seu art. 44. Entretanto, importante salientar que, em janeiro de 2004, a Secretaria de Previdência Complementar — SPC (sucedida pela PREVIC), editou a Portaria n. 2, cujo art. 1º dispunha: "Art. 1º As entidades fechadas de previdência complementar, regidas por lei complementar, não estão obrigadas a promover em seus estatutos as adaptações a que se refere o art. 2.031 da Lei n. 10.406, de 10 de janeiro de 2002 (Novo Código Civil).

Outra distinção apontada, ainda em relação à própria entidade, diz respeito ao fato de que as entidades abertas são claramente dedicadas à finalidade lucrativa. Ao revés das entidades fechadas que, por expressa vedação trazida pelo art. 31, § 1º, da Lei Complementar n. 109, de 2001, não poderão ter fins lucrativos.

Ditas entidades diferenciam-se também quanto à submissão aos órgãos de regulação e controle, pois: enquanto as abertas são reguladas pelo Conselho Nacional de Seguros Privados (CNSP) e fiscalizadas pela Superintendência Nacional de Seguros Privados (SUSEP); as fechadas são reguladas pelo Conselho Nacional de Previdência Complementar (CNPC) e fiscalizadas pela Superintendência Nacional de Previdência Complementar (PREVIC).

Finalmente, no que concerne ao critério relativo ao plano de benefícios, Pulino (2011) assevera que a principal diferença reside na acessibilidade, eis que os planos das entidades fechadas somente são acessíveis aos empregados de determinado patrocinador (devendo ser ofertados de forma irrestrita, conforme art. 16 da Lei Complementar n. 109, de 2001) ou aos associados de pessoa jurídica de caráter profissional, classista ou setorial. Já os planos das entidades abertas, se individuais, são acessíveis livremente a qualquer interessado e, se coletivos, ficam limitados aos integrantes do grupo, porém com possibilidade de restrição.

À guisa de arremate, podemos estruturar resumidamente o modelo previdenciário brasileiro da seguinte forma: de um lado a Previdência Pública (oficial, obrigatória e básica) — dividida em Regime Geral de Previdência Social (RGPS), especialmente destinado aos empregados, trabalhadores da iniciativa privada e aqueles que venham a aderir como segurados facultativos; e Regime(s) Próprio(s) de Previdência Social (RPPSs), destinado(s) aos servidores púbicos ocupantes de cargo de provimento efetivo[10]. Do outro lado, a Previdência Privada (facultativa e voluntária) — que se divide em Fechada, formada por fundações sem fins lucrativos cujos planos são acessíveis apenas aos empregados dos respectivos patrocinadores e associados a entidades instituidoras classistas, profissionais ou setoriais, e Aberta, composta por sociedades anônimas com fins lucrativos, cujos planos são acessíveis aos membros de um grupo (coletivo) ou a todos aqueles que manifestem interese (individual).

---

(10) Por força do art. 40, § 13, da Constituição Federal, "ao servidor ocupante, exclusivamente, de cargo em comissão declarado em lei de livre nomeação e exoneração bem como de outro cargo temporário ou de emprego público, aplica-se o regime geral de previdência social".

1.2. O REGIME FECHADO DE PREVIDÊNCIA PRIVADA NO BRASIL

Antes de incursionar na temática do regime fechado de previdência privada, tratando da sua origem e desenvolvimento, bem como dos sujeitos envolvidos na relação jurídica previdenciária, são pertinentes alguns esclarecimentos acerca da opção terminológica a ser utilizada no presente trabalho.

1.2.1. TERMINOLOGIA UTILIZADA

Conforme visto anteriormente, a Constituição Federal de 1988 optou por não afastar do segmento previdenciário a atuação da iniciativa privada, embora a previdência social conserve consigo íntima relação com as orientações filosóficas do Estado Social.

Isso decorre não apenas do fato de os riscos sociais, em especial aqueles identificáveis na sociedade moderna, não permitirem integral cobertura estatal; mas igualmente da circunstância de os indivíduos que integram esse mesmo corpo social não ficarem alijados do direito de, com recursos próprios, ampliar as possibilidades de proteção contra as contingências que levam à morte ou à incapacidade.

Paralelamente ao regime público de previdência, proporciona-se ao particular a faculdade de procurar uma entidade privada de previdência e a ela vincular-se, observadas, por óbvio, as exigências mínimas de filiação e acessibilidade. Essa faculdade independe da circunstância de o interessado estar ou não filiado ao regime público, ou ainda da necessidade de complementar os benefícios oferecidos pelo modelo oficial.

Todavia, ignorando essa independência, é comum atribuir-se à previdência privada a qualidade de ser *complementar* ou *suplementar* em relação à pública, denominado-a, pois, de *Previdência Privada Complementar* ou *Suplementar*. Ocorre que tais desígnios acabam por imputar ao regime privado um caráter institucional pautado por uma residualidade que não existe, como se seus filiados somente o procurassem quando os mecanismos de proteção conferidos pela previdência pública fossem insuficientes.

É bem verdade que a incumbência de proteção dos riscos sociais tem suas feições instituídas a partir do que Póvoas (2007, p. 63) intitula de "domínio previdenciário", pois, para o mencionado autor:

As necessidades previdenciárias estão, há muito, devidamente especificadas e decorrem, exclusivamente, ao nível de cada indivíduo, da materialização dos riscos sociais, só que o primado do social não conseguiu a sua satisfação integral através da organização estatal, pois esta só pode proporcioná-la nos limites das suas possibilidades econômicas.

Se assim não fosse, há muito que o problema da segurança integral teria sido resolvido pelos Estados, só que a retribuição dos rendimentos por meio da solidariedade social obedece a parâmetros inexoráveis, sendo os mais importantes a expressão do rendimento nacional e a relação entre população ativa e população inativa.

É a enumeração e extensão das necessidades previdenciárias que cada membro da sociedade sente que delimita o domínio previdenciário, isto é, o domínio institucional de satisfação dessas necessidades. Parte desse domínio é preenchido pela organização e mecanismos da previdência e assistência social; a parte restante é o subdomínio da previdência supletiva, de caráter voluntário.

Concorda-se com Póvoas (2007) quando afirma que o Estado, embora dotado de todo o aparelhamento organizacional de administração de recursos, não seja capaz, ao menos dentro do contexto econômico atual, de proporcionar uma política de segurança integral para os riscos sociais, sobretudo em se tratando de países em desenvolvimento como o Brasil.

Assim, é natural que a proteção previdenciária não seja cultivada exclusivamente no âmbito público (compulsório), sendo possível ao cidadão buscar junto a setores privados, de maneira voluntária, ampliar o círculo de proteção securitária contra os riscos sociais, desde que sua capacidade econômica lhe permita esta opção.

Entretanto, diverge-se do citado autor quando afirma que os subdomínios, público e privado, de proteção previdenciária são necessariamente dependentes, "pois será sempre a abrangência do sistema compulsório que determinará o campo deixado à previdência voluntária que pode ou não ocupá-lo, na totalidade" (PÓVOAS, 2007, p. 63).

Isso porque, se assim o fosse, o regime privado de previdência seria obrigatoriamente subsidiário em relação ao público, atuando apenas no espaço deixado por este último, conclusão que não coaduna com a realidade, haja vista que o regime previdenciário privado funciona paralelamente ao público, sendo deste independente.

Com efeito, no Brasil, possuir ou não filiação à Previdência Pública não interfere na filiação facultativa e voluntária à Previdência Privada, sendo equivocado afirmar que os benefícios ofertados pelos regimes privados (aberto ou fechado) são necessariamente complementares ou suplementares àqueles proporcionados pelos regimes públicos (geral ou próprio).

Tanto é verdade que o art. 68, § 2º, da Lei Complementar n. 109, de 2001, assinala que a concessão de benefício pela Previdência Privada não depende da concessão de benefício pelo regime geral de previdência social. Questionando os termos "complementar" e "suplementar", atribuídos à Previdência Privada, reflete Weintraub (2005, p. 77-78):

> Antes do advento da Emenda Constitucional n. 20, havia uma conexão generalizada dos planos previdenciários privados e a concessão de benefícios previdenciários oficiais.

Como a maioria dos planos era de benefício definido, o valor efetivo do benefício da Previdência Privada dependia do montante do benefício oficial, pois "complementava", ou melhor, completava o valor do benefício oficial até alcançar o montante de remuneração do período ativo (manutenção absoluta do padrão de vida). Quando não alcançava o valor da ativa era denominado de subsidiário.

O termo "complementar", preceituado na Constituição, tem interpretação agora de suplemento, expressão inócua, pois o valor médio dos benefícios na Previdência Privada suplanta aqueles da Previdência Social. Entender como suplemento algo que é mais expressivo seria como considerar uma folha de alface o almoço e comprimidos de vitaminas como suplemento: as vitaminas seriam aí a nutrição principal.

Será então não complementar, mas sim ancilar ao participante na sua necessidade de aposentação. Sendo auxiliar, utiliza esta ajuda a quem quiser. A facultatividade de ingresso na Previdência Privada propicia ao trabalhador um ingresso voluntário à Previdência Privada, na busca da manutenção do padrão de vida quando da inatividade.

Weintraub (2005) clarifica que os benefícios da Previdência Privada nem complementam e nem ao menos suplementam os da Previdência Pública. Funcionam, na verdade, como auxiliares, disponíveis àqueles que, em conformidade com a respectiva capacidade econômica, queiram manter ou até mesmo elevar o padrão de vida diante de determinadas contingências sociais.

Mais adequado, portanto, seria não conferir qualquer nominação adicional (complementar ou suplementar) à Previdência Privada. No entanto, não se pode ignorar ser corrente o uso dos desígnios "complementar" ou "suplementar" para qualificar o regime privado de previdência no Brasil, sendo certo que a própria legislação por vezes utiliza tais terminologias. Pulino (2011, p. 241) chega a dizer que a interpretação sistemática de nossa Constituição leva a que as expressões previdência privada e previdência complementar possam ser usadas indistintamente, exatamente como foi feito pelo legislador infraconstitucional ao redigir as Leis Complementares ns. 108 e 109, ambas de 2001, ao regulamentar o art. 202 da Constituição.

Nada obstante, opta-se por denominar o regime previdenciário diverso do público apenas de *Previdência Privada*, embora não se tenha qualquer pretensão, ao menos no presente trabalho, de envidar maiores esforços argumentativos no sentido de desconstruir cientificamente as nódoas de complementariedade ou supletividade fortemente ligadas ao regime privado de previdência.

1.2.2. Evolução histórico-normativa do regime de previdência privada brasileiro

Antes de adentrar-se em aspectos relacionados à origem e evolução da Previdência Privada no Brasil, pertinente esclarecer que tal abordagem sobressai relevante para a adequada compreensão do funcionamento do regime, permitindo, com isso, o entendimento dos argumentos de fixação da competência jurisdicional para dirimir os conflitos nele gerados.

Paiva (2006, p. 146-147) elucida que algo parecido com o que se denomina hoje de *Previdência* (palavra atrelada à qualidade de ser prevenido ou prevenir-se) teria sua origem antes mesmo do aparecimento das primeiras civilizações organizadas, pois o homem primitivo, ao praticar o simples ato de reservar as sobras de seu alimento para saciar a fome do dia seguinte, já teria sido previdente. Não se tem, todavia, a pretensão de retroceder tanto no passado. Centre-se, pois, no contexto histórico brasileiro e no regime privado de previdência.

Weintraub (2005, p. 66-71) elege a fundação do Montepio[11] dos Oficiais da Marinha da Corte, em 23 de setembro de 1795, como a primeira instituição voltada à complementação da renda de trabalhadores no

---

(11) Weintraub (2005, p. 66) esclarece que a etimologia da palavra montepio é intrigante. O "monte" seria o valor conjunto arrecadado para subvencionar as pensões, pio (do latim *pius*) no sentido sagrado, santo.

momento da inatividade. O autor destaca, também, a importância histórica do Montepio Geral de Economia dos Servidores do Estado (MONGERAL), criado em 10 de janeiro de 1835, o qual previa a constituição de recursos para o amparo de trabalhadores que paravam de trabalhar. Posteriormente, vários outros montepios foram constituídos (também designados de Caixas de Pensão ou Pecúlio), todos com a mesma finalidade precípua, qual seja: formação de reservas para suprir as necessidades decorrentes da morte ou da impossibilidade para o trabalho.

Ressalte-se que muitos dos montepios ou caixas de pensão eram destinados aos trabalhadores de entidades estatais, como é o caso da Caixa de Socorro para os Ferroviários do Estado (Lei n. 3.397, de 1888), do Montepio Obrigatório para os empregados dos Correios (Decreto n. 9.212/A, de 1889), da Caixa de Pensões dos Operários da Imprensa Nacional (Decreto n. 10.269, de 1889), além do Montepio Obrigatório dos Empregados do Ministério da Fazenda (Decreto n. 942-A, de 1890) e da Caixa Montepio dos Funcionários do Banco do Brasil (criada em 1904 pelos próprios empregados do banco)[12].

A criação dos montepios é tida por Paiva (2006, p. 154-155) como inserida no que denominou de *período do mutualismo*, assim entendido como aquele no qual as primeiras preocupações da sociedade brasileira com a formação de renda para salvaguarda das dificuldades geradas pela morte ou incapacidade passaram a surgir, sendo certo que os próprios beneficiários contribuíam mutuamente para a constituição das reservas que irão lhes beneficiar (ou aos seus dependentes).

Embora criados com evidente escopo previdenciário, os montepios não são considerados, em essência, entidades de previdência social, mas instituições privadas, de natureza associativa, cujos membros contribuem periodicamente com determinadas quantias e, em decorrência, adquirem o direito de reaver suas contribuições sob a forma de benefícios, para si ou para terceiros por eles indicados.

A importância, porém, de tais entidades, como embriões da previdência social no Brasil, avulta-se ao demonstrar que a preocupação com a manutenção mínima do padrão de vida diante de infortúnios e debilidades etárias não surgiu como uma atividade típica de Estado[13].

Paralelamente aos montepios, o resguardo aos eventos que impossibilitam para o trabalho começou a ser agregado às próprias relações

---

(12) Dados extraídos de Paiva (2006, p. 157).
(13) Ressalva-se, contudo, o disposto no art. 75 da Constituição de 1891, que garantia aposentadoria aos funcionários públicos em caso de invalidez a serviço da Nação.

trabalhistas. Como marco normativo desta constatação, podemos indicar o art. 79 do Código Comercial brasileiro (Lei n. 556, de 1850).

Referido dispositivo, inserido em capítulo destinado à regulação das atividades dos feitores, guarda-livros e caixeiros (Capítulo IV), dispunha literalmente que "os acidentes imprevistos e inculpados, que impedirem aos prepostos o exercício de suas funções, não interromperão o vencimento do seu salário, contanto que a inabilitação não exceda a 3 (três) meses contínuos".

Como se percebe à luz da citada previsão legal, a incumbência de acudir os trabalhadores impedidos de trabalhar em razão de acidentes imprevistos era repassada aos tomadores de serviço, que permaneciam obrigados a pagar-lhes a contraprestação, desde que a incapacidade não superasse um trimestre contínuo.

Sem embargo, outros tomadores de trabalho, em especial os empregadores, começaram a propiciar benesses previdenciárias como forma de atrativo aos bons trabalhadores. Como bem assinala Balera (2005, p. 301): "Considerava-se que esses benefícios decorriam da relação de emprego e não do contrato previdenciário, já que eram estabelecidos com o objetivo de atrair e reter bons e qualificados profissionais do mercado para trabalhar nessas empresas".

Jungidos ao vínculo de trabalho, os benefícios eram estipulados no próprio contrato individual ou em regimentos empresariais, gerando obrigações a cargo do empregador. Outrossim, tais benefícios eram, na maioria das vezes, a única garantia de mantença dos padrões mínimos de subsistência dos trabalhadores após o encerramento da vida laborativa.

Além dos montepios e dos planos ofertados pelo empregador, os seguros privados também ofereciam cobertura para infortúnios que levam à morte ou à incapacidade. Entretanto, tais seguros não cobriam eventos gerados por contingências etárias, como ocorre com o benefício da aposentadoria.

Com a edição da Lei Eloy Chaves de 1923[14], a previdência social foi oficialmente instituída no Brasil. Acontece que a Previdência Pública, inicialmente constituída de Caixas de Aposentadorias e Pensões (CAPs) e Institutos de Aposentadorias e Pensões (IAPs), não obstava que, tanto os montepios como os instrumentos de previdência criados em cláusulas anexas ao contrato de trabalho ou mesmo os seguros privados, continuassem operando seus benefícios.

---

(14) *Vide* 1.1 retro.

Contudo, como grande parte dos eventos que geram a morte ou incapacidade passou a ter cobertura pela previdência oficial, sobretudo com a fundação do Instituto Nacional de Previdência Social (INPS), os benefícios pagos pelas entidades civis e pelo empregador adquiriram caráter eminentemente complementar, completando a renda dos segurados e pensionistas sempre que o valor dos benefícios da previdência pública fosse insuficiente à manutenção do padrão de vida do beneficiário, enquanto em atividade. Eis a fonte, que até hoje perdura, da qualificação da previdência privada como complementar ou suplementar.

Esse característico de residualidade das entidades securitárias, mutualistas e planos mantidos exclusivamente pelos empregadores (funcionando como complemento ao regime oficial), aliado ao fato de a previdência pública ser de caráter obrigatório e contributivo, gerou um fenômeno de natural desinteresse do trabalhador pelo regime privado. Tal fenômeno é relatado por Paiva (2006, p. 160):

> Devido às características desse sistema público — notadamente a da compulsoriedade da filiação dos trabalhadores e de suas consequentes contribuições —, em contraposição às do sistema preexistente — dentre as quais se destaca a da facultatividade da filiação —, é intuitivo pensar-se que ele restringiria — como de fato restringiu — o campo de atuação das sociedades mutualistas e dos montepios que já se encontravam no mercado. De fato, uma vez obrigado a contribuir para uma Caixa de Aposentadoria e Pensões, era natural que trabalhador se desinteressasse pelo montepio no qual eventualmente viesse tomando parte.

Assistiu-se, então, a partir de 1923, à proliferação das CAP (*sic*) e, paralelamente, ao encolhimento da previdência privada.

O encolhimento da previdência privada mencionado por Paiva não importou, todavia, na sua extinção. Isso porque, como cediço, a previdência oficial tinha (e continua tendo) a finalidade de conservar apenas o padrão de vida básico do beneficiário, que por vezes dista daquele existente enquanto no exercício pleno do labor.

Como bem assinalam Dias e Macedo (2010, p. 51-52), os benefícios da previdência oficial, em especial aqueles instituídos pelo regime geral, proporcionam uma manutenção limitada do nível de vida do segurado, já que calculados a partir das contribuições vertidas, com valor restrito a um teto instituído em lei.

Além do mais, o regime público de previdência, apesar do custeio compartilhado, traz impactos orçamentários de elevada monta para o

Estado, gerando encargos que não estão fora do alcance das oscilações econômicas do mundo capitalista e, acaso geridos inadequadamente, podem culminar com uma redução considerável no valor dos benefícios ou, em circunstâncias mais extremas, na total inviabilidade do sistema.

Com efeito, em 1977, foi editada a Lei n. 6.435, que acabou por viabilizar a instituição de entidades que, a teor do art. 1º, teriam por objeto a instituição de planos privados de concessão de pecúlios ou de rendas, de benefícios complementares ou assemelhados aos da Previdência Social, mediante contribuição de seus participantes, dos respectivos empregadores ou de ambos. Póvoas (2007, p. 34-35) sintetiza a importância da Lei n. 6.435, de 1977 para a previdência privada brasileira.

No Brasil, a instituição do sistema legal baseado na Lei n. 6.435, de 15 de julho de 1977, correspondeu, em primeiro lugar, a uma necessidade disciplinadora, pois a liberdade com que se atuava nesse domínio, sobretudo por parte de alguns responsáveis pelas sociedades mútuas abertas, ameaçava acabar, como de resto vinha acontecendo, com as expectativas dos respectivos associados, e, em segundo lugar, a uma necessidade estrutural, na medida em que o desinteresse por parte das seguradoras pelo seguro de vida individual deixava abandonado um vasto campo, que só um novo quadro de operadoras tinha possibilidade de ocupar, em termos efetivos e produtivos, isto é, com real interesse para todos os envolvidos no processo previdenciário privado.

A Lei n. 6.435 institucionalizou os meios necessários para a satisfação dessas necessidades estabelecendo, por um lado, um quadro institucional em que a ação disciplinadora e fiscalizadora foi devidamente enquadrada e, por outro lado, considerando no quadro das operadoras da instituição, além das tradicionais fundações e montepios, entidades organizadas sob a forma de sociedades anônimas e seguradoras do ramo de vida.

Com estes meios, a instituição da previdência privada reforçou a sua imagem, o que lhe vai permitir atingir, com mais eficiência, os seus objetivos sociais.

Como bem salienta Póvoas (2007), a regulamentação legal trazida em 1977 conferiu maior credibilidade ao regime de previdência privada até então existente, pois, além de definir claramente os contornos de atuação das entidades previdenciárias, também instituiu mecanismos de controle e fiscalização dos planos por elas operados.

Tanto é verdade que, com vistas a impedir a existência de entidades operando à margem de suas previsões, a Lei n. 6.435, de 1977, previu, em seu art. 80, cominações de ordem administrativa e criminal àquelas que funcionassem sem prévia autorização. Às que, na vigência da lei, já tivessem operando, o art. 81 instituiu um prazo de 120 (cento e vinte) dias para que solicitassem as autorizações, apresentando os respectivos planos de adaptação.

Também merece destaque a clara separação feita pela Lei n. 6.435, de 1977, entre entidades de previdência privada fechadas e abertas, quando, em seu art. 4º, inciso I, alínea "a", definiu como fechadas aquelas cujos planos eram acessíveis exclusivamente aos empregados de uma só empresa ou de um grupo de empresas; e como abertas as demais, conforme alínea "b" do mesmo inciso.

Em outubro de 1988, foi deflagrada uma nova ordem normativo--constitucional no Brasil, a qual prevalece vigente até os dias de hoje, embora com enormes distinções em relação ao regimento natural, fruto de alterações introduzidas pelo constituinte reformador.

Na sua redação originária, a Constituição Federal de 1988 era tímida no tocante ao regime de previdência privada. Trazia unicamente três artigos esparsos sobre o tema, que o tratavam de forma indireta e absolutamente perfunctória. Estamos nos referindo ao art. 21, inciso VIII, que diz competir à União fiscalizar, dentre outros segmentos, as operações de previdência privada; ao art. 192, inciso II, que relegou à Lei Completar a regulação do sistema financeiro nacional, devendo a mesma dispor sobre a autorização e o funcionamento dos estabelecimentos de previdência; bem como ao art. 201, § 8º, que vedou a subvenção ou auxílio do Poder Público às entidades de previdência privada com fins lucrativos.

A superficialidade das previsões constitucionais fazia com que a Lei n. 6.435, de 1977, continuasse sendo a principal fonte normativa de regulação do regime de previdência privada brasileiro. É bem verdade que, em 1991, com a edição da Lei n. 8.213, que instituiu o Plano de Benefícios da Previdência Social (PBPS), o legislador previu, no respectivo art. 153, um prazo de 180 (cento e oitenta) dias para submissão ao Congresso Nacional de um projeto de lei especial com vistas a instituir o que chamou de Regime Facultativo Complementar de Previdência Social. Entretanto, tal projeto não foi apresentado.

Até que, em 1998, o constituinte reformador editou a Emenda Constitucional n. 20, que deu nova redação ao art. 202 da Constituição Federal. Citado artigo passou a prever que o regime de previdência privada, de caráter complementar e organizado de forma autônoma em relação ao regime geral de previdência social, seria facultativo e baseado na constituição de reservas capazes de garantir o benefício contratado, remetendo à lei complementar a sua regulação.

Não fosse pouco, foram introduzidos ao art. 202 constitucional seis parágrafos, com previsões relacionadas ao direito dos participantes ao pleno acesso de informações sobre os seus planos (§ 1º); à não integração aos contratos de trabalho dos participantes dos planos e contribuições ao regime de previdência privada (§ 2º); à vedação ao aporte de recursos à entidade de previdência privada pela Administração Direta e Indireta da União, dos Estados, do Distrito Federal e dos Municípios (§ 3º); bem como à necessária edição de lei complementar para disciplinar a relação dos entes da Administração com as entidades por eles patrocinadas, inclusive no que se refere à composição das respectivas diretorias (§§ 4º, 5º e 6º).

Póvoas (2007, p. 456-457) esclarece que a edição da Emenda Constitucional n. 20, de 1998, deu-se quando o segmento de previdência privada no Brasil já vinha apresentando enorme potencial de crescimento, sobretudo porque o regime público não escondia problemas de desequilíbrio financeiro, fazendo com que o trabalhador procurasse novos instrumentos de amparo às contingências sociais que levam à morte ou à incapacidade para o trabalho.

No entanto, o implemento do modelo trazido pelo constituinte reformador ainda desafiava a edição de legislação complementar, com aptidão para disciplinar a instituição, desenvolvimento e o custeio da previdência privada, bem como as formas de controle e fiscalização das entidades.

Relata Pulino (2011, p. 123-124) que "três projetos de leis complementares foram então encaminhados ao Presidente da República e postos em discussão perante os órgãos do Poder Legislativo, do que resultou a aprovação de dois deles". Os dois projetos mencionados pelo autor deram azo às Leis Complementares ns. 108 e 109, ambas de 2001. O terceiro projeto, que cuidava de normas gerais da previdência complementar dos servidores públicos, sequer chegou a ser aprovado.

A Lei Complementar n. 108, de 2001, em atenção às exigências trazidas pelos §§ 3º a 6º do art. 202 da Constituição, com redação dada pela Emenda Constitucional n. 20, de 1998, dispõe sobre a relação entre a União, os Estados, o Distrito Federal e os Municípios, suas autarquias, fundações, sociedades de economia mista e outras entidades públicas e suas respectivas entidades fechadas de previdência complementar.

Por sua vez, a Lei Complementar n. 109, de 2001, revogou expressamente a Lei n. 6.435, de 1977, transformando-se na lei geral do regime privado de previdência brasileiro. Estudo mais detalhado sobre a relação jurídica de previdência privada regida pela Lei Complementar n. 109, de 2001, será realizado em linhas posteriores. De toda sorte, pode-se dizer que aludida legislação marcou um novo ciclo na estruturação jurídica e funcional do regime privado de previdência, conferindo-lhe os contornos atuais.

Finalmente, não se pode deixar de mencionar que a Emenda Constitucional n. 20, de 1998 também alterou o art. 40 da Constituição e, nos §§ 14 a 16, permitiu a instituição do que chamou de regime de previdência complementar dos servidores ocupantes de cargos efetivos. Já em 2003, a Emenda Constitucional n. 40 deu nova redação ao § 15 do citado artigo, exigindo a edição de lei de iniciativa dos respectivos Poderes Executivos (Federal, Estadual, Municipal ou Distrital), para a regular instituição do aludido regime previdenciário.

Em âmbito Federal, o Congresso Nacional a Lei n. 12.618, de 2012, que instituiu o regime de previdência complementar para os servidores públicos federais, além de fixar o limite máximo para a concessão de aposentadorias e pensões pelo regime de previdência de que trata o art. 40 da Constituição, autorizando a criação de entidade fechada de previdência complementar denominada Fundação de Previdência Complementar do Servidor Público Federal — FUNPRESP.

1.2.3. A RELAÇÃO JURÍDICA DE PREVIDÊNCIA PRIVADA

Compreendidas as origens históricas da Previdência Privada no Brasil, indispensável analisar a formação e o desenvolvimento da relação jurídica que a permeia. Sabe-se que o convívio social atribui ao ser humano possibilidade de consecução das mais variadas formas de relações intersubjetivas.

Tais relações, pautadas em sua maioria num vínculo decorrente da vontade dos sujeitos envolvidos, por vezes concebe-lhes direitos e obrigações, acabando por desafiar a regulação do direito. Reguladas, aludidas relações são elevadas ao patamar de jurídicas, gerando, pois, consequências juridicamente exigíveis.

Segundo Amaral (2004, p. 210), "[...] todas as vezes que uma relação social é especialmente qualificada pela norma jurídica, chamamos tal relação de relação jurídica". O autor aduz, ademais, que a relação jurídica somente se estabelece entre dois ou vários homens. A relação jurídica seria, assim, algo que pressupõe a existência de sujeitos. Reale (2002, p. 216) aponta dois requisitos necessários para que haja uma relação jurídica:

Em primeiro lugar uma relação intersubjetiva, ou seja, um vínculo entre duas ou mais pessoas. Em segundo lugar, que esse vínculo corresponda a uma hipótese normativa, de tal maneira que derivem consequências obrigatórias no plano da experiência.

Mais adiante, o autor (2002, p. 217-218) elenca quatro elementos que se destacam na relação jurídica como fundamentais: o *sujeito ativo*, beneficiário da relação; o *sujeito passivo*, devedor da prestação; o *vínculo de atributividade*, que liga os dois sujeitos de maneira recíproca ou complementar; e o *objeto*, que é a razão de ser do vínculo constituído.

Da relação jurídica constituída, nascem direitos subjetivos, cuja observância é assegurada pelo ordenamento normativo objetivamente considerado. Há, portanto, na relação jurídica, uma interlocução entre os sujeitos do vínculo e o conjunto de normas objetivas que assegura o respeito dos direitos subjetivos gerados em referência a um dado objeto.

Por decorrer da interação entre homens, Reale (2002, p. 223) admoesta que "há tantas relações jurídicas quantas possam ser as variações dos fatos sociais e de sua disciplina". Existem, pois, relações jurídicas civis, penais, comerciais, etc. Relações jurídicas pessoais, obrigacionais ou reais, a depender do objeto envolvido. Relações jurídicas solenes ou não solenes, simples ou complexas, regidas pelo Direito Público ou pelo Direito Privado, entre outras modalidades, que vão se alterando a depender do critério classificatório utilizado.

Não se tem neste trabalho qualquer pretensão de incursionar no estudo aprofundado da relação jurídica. A intenção é somente identificar a natureza da relação previdenciária e, por conseguinte, reconhecer suas características.

Neste trilhar, pode-se dizer que a relação previdenciária — Pública ou Privada — conserva em si os elementos de uma relação jurídica. Possui, destarte, sujeitos, objeto e um vínculo que os liga à luz do ordenamento jurídico.

Especificamente no que se refere à previdência privada fechada, Romita (2002, p. 14) aponta os seguintes elementos estruturais: "a) sujeitos: os participantes e assistidos; as entidades fechadas de previdência privada; as empresas patrocinadoras e os instituidores; e o Estado b) objeto: cobertura complementar de riscos sociais; c) conteúdo: as contribuições e as prestações".

Com efeito, serão analisados nas linhas que seguem os elementos mencionados por Romita (2002) como integrantes da relação previdenciária fechada, assim como o regime jurídico ao qual a mesma está submetida.

1.2.3.1. Sujeitos da relação jurídica de previdência privada fechada

A previdência privada fechada no Brasil possui quatro sujeitos bem definidos, três dos quais a integram de maneira direta (patrocinador ou instituidor, entidade de previdência e participante ou assistido), e um de forma indireta (o Estado). Este, atuando apenas na regulamentação e fiscalização do funcionamento das entidades e zelando pela boa execução dos planos de benefícios contratados, salvo quando figurar como patrocinador.

1.2.3.1.1. Patrocinador ou instituidor

A primeira categoria de sujeitos da relação previdenciária é aquela composta pelo patrocinador ou instituidor, que, segundo Cassa (2009, p. 144), corresponde às pessoas jurídicas que, no âmbito das entidades fechadas, proporcionam a contratação do plano de benefícios para as pessoas físicas a elas vinculadas.

O patrocinador, contudo, não deve ser confundido com o instituidor.

O teor do disposto no art. 31, inciso I, da Lei Complementar n. 109, de 2001, o patrocinador seria uma empresa ou grupo de empresas; ou, ainda, a União, os Estados, o Distrito Federal e os Municípios, cujos empregados e servidores teriam acesso aos planos de benefícios oferecidos por uma determinada entidade fechada de previdência.

Frise-se que, embora o texto legal considere como patrocinadores tanto as pessoas jurídicas privadas (empresas ou grupo de empresas) como os entes integrantes da Administração Pública (União, Estados, Distrito Federal e Municípios), há uma diferença substancial entre ambos, a qual reside basicamente nas limitações referentes ao aporte de recursos.

Isso porque é dada às empresas ou grupo de empresas a possibilidade de custeio parcial ou total do plano, com possibilidade de verterem sozinhas as contribuições necessárias à sua mantença, independentemente do valor contributivo, arcado pelos participantes e assistidos, tudo a depender do respectivo regulamento.

Já os entes da Administração Pública, enquanto patrocinadores, não podem realizar o aporte de recursos, mediante contribuição, em valor superior àquele pago pelo próprio segurado, haja vista expressa vedação trazida pelo art. 202, § 3º, da Constituição Federal. Exatamente por isso que o art. 6º da Lei Complementar n. 108, de 2001 — que disciplina a relação entre a União, Estados, Distrito Federal e Municípios, suas autarquias, fundações, sociedades de economia mista e outras entidades públicas e suas respectivas entidades fechadas de previdência — é claro ao afirmar que o custeio dos planos de benefícios será responsabilidade do patrocinador e dos participantes, inclusive assistidos. O ordenamento veda, portanto, que aludidos patrocinadores arquem sozinhos com o custeio dos planos de benefícios previdenciários fechados.

Cassa (2009, p. 144-145) salienta que, embora na maioria dos casos as entidades fechadas sejam criadas pelos patrocinadores, estes não são seus proprietários nem tampouco arcam com os déficits do plano em proporção superior às suas contribuições, conforme disposto no art. 21 da Lei Complementar n. 109, de 2001.

Errôneo, pois, imaginar que a entidade fechada é uma sucursal do patrocinador ou que ambos integram um mesmo grupo econômico, sobretudo porque, por força do art. 31, § 1º, da Lei Complementar n. 109, de 2001, as entidades de previdência fechada não possuem fins lucrativos, de sorte eventuais resultados superavitários na administração dos planos não produzirão rendimento ao patrocinador, mas sim composição de reservas e melhoramento dos benefícios.

Por sua vez, os instituidores são entidades de caráter profissional, classista ou setorial cujos associados ou membros têm acesso aos planos oferecidos pelos fundos de pensão, conforme art. 31, inciso II, da Lei Complementar n. 109, de 2001. Tais entidades são normalmente sindicatos, cooperativas, ou conselhos de profissionais liberais[15].

O art. 4º da Resolução n. 12, de 2002, expedida pelo Conselho de Gestão da Previdência Complementar (CGPC), órgão colegiado que integra a estrutura básica do Ministério da Previdência Social (MPAS), exige do instituidor que requeira a constituição da entidade fechada de previdência a comprovação de que congrega no mínimo mil associados ou membros de categoria no seu âmbito de atuação, bem como que possua registro regular há pelo menos três anos. Tais exigências, como esclarece Cazetta

---

(15) Cazetta (2006, p. 52) exemplifica quais entidades integram a categoria de instituidor: "Nesses organismos estão compreendidos os conselhos profissionais e as entidades de classe nos quais seja necessário o registro para o exercício da profissão; os sindicatos, as centrais sindicais e as respectivas federações e confederações; as cooperativas que congreguem membros de categorias ou classes de profissões regulamentadas; as associações profissionais, legalmente constituídas; e, genericamente, quaisquer outras pessoas jurídicas de caráter profissional, classista ou setorial, desde que autorizadas pelo órgão fiscalizador do sistema".

(2006, p. 52), objetivam conferir mais segurança ao funcionamento do plano, haja vista os custos operacionais envolvidos.

Não fosse pouco, o § 2º do citado art. 31 da Lei Complementar n. 109, de 2001, impõe às entidades constituídas por instituidores a terceirização da gestão dos recursos garantidores das reservas técnicas e provisões, bem como a oferta exclusiva de planos de benefício da modalidade contribuição definida, a qual não admite a predeterminação do valor do benefício, que será estabelecido a partir do cálculo das contribuições vertidas durante o período contributivo.

De acordo com Cassa (2009, p. 146), "uma diferença importante em relação aos planos patrocinados é que a instituidora não pode, enquanto tal, aportar recursos para o plano de seus associados, cabendo apenas ao participante arcar com as contribuições".

Data venia, resta equívoca a afirmação da autora. De fato, em sua redação originária, a Resolução n. 12, de 2002, do CGPC vedava, em seu art. 10, § 1º, o custeio do plano de benefícios pelo instituidor. Acontece que o mencionado dispositivo foi alterado pela Resolução n. 20, de 2006, do mesmo Conselho, autorizando o aporte de recursos de terceiros para o custeio dos planos instituídos, incluindo aquele realizado pelo instituidor.

Saliente-se que os sindicatos de trabalhadores, na condição de associações classistas, podem figurar como instituidores de planos de benefícios de entidades fechadas de previdência privada. Para Barra (2008, p. 174-175), tal atuação por parte das agremiações sindicais não destoa de sua finalidade essencial. Pelo contrário, fortalece a capacidade de representação, na medida em que amplia as possibilidades de proteção social dos empregados integrantes da respectiva categoria profissional.

Barra (2008, p. 177-180) sustenta, ademais, a possibilidade de, por meio de regular negociação coletiva, devidamente formalizada por meio de Convenção ou Acordo Coletivo de Trabalho, criar para os empregadores que integram a categoria econômica correspondente obrigações de custeio compartilhado dos planos de benefícios instituídos.

Os empregadores não seriam, aqui, patrocinadores, mas terceiros que, em virtude do negócio jurídico coletivo, obrigaram-se a contribuir para o fundo de pensão indicado pelo sindicato profissional. Tal possibilidade, inclusive, encontra guarida no art. 10, § 4º, da Resolução n. 12, de 2002 do CGPC, que autoriza os empregadores a efetuar contribuições em favor de seus empregados vinculados a planos instituídos, mediante instrumento contratual específico.

Tais contribuições, apesar de serem inequivocamente utilidades pagas pelo empregador, estão dissociadas do salário do trabalhador, conforme expressamente disposto pelo art. 458, § 2º, inciso VI, da Consolidação das Leis Trabalhistas (CLT).

Outro aspecto merecedor de destaque consubstancia-se na necessidade de formalização de convênio de adesão com a entidade de previdência, para que patrocinadores e instituidores sejam considerados como tais. Trata-se de exigência protocolar indissociável à concepção das ditas figuras. Destarte, preleciona o art. 13 da Lei Complementar n. 109, de 2001, que

> a formalização da condição de patrocinador ou instituidor de um plano de benefício dar-se-á mediante convênio de adesão a ser celebrado entre o patrocinador ou instituidor e a entidade fechada, em relação a cada plano de benefícios por este administrado e executado, mediante prévia autorização do órgão regulador e fiscalizador, conforme regulamentação do Poder Executivo.

Comentando o dispositivo acima transcrito, Correia (2004, p. 181) assinala que tal dispositivo reafirma:

> [...] a separação e independência que deve existir entre essas entidades, não obstante se reconheça que a própria criação da entidade fechada possa ter origem numa iniciativa do futuro patrocinador ou instituidor de seus planos de benefícios. Para todos os efeitos, trata-se de partes distintas nessa relação jurídica, cada qual com seus direitos e obrigações próprios, de modo que cabe ao Poder Público garantir o distanciamento desses entes, bem como zelar pelo cumprimento dos compromissos por eles assumidos.

A leitura do texto legal permite considerar: i) a clara separação que deve existir entre o patrocinador ou instituidor e a entidade de previdência fechada, embora a criação desta possa ter origem na iniciativa de um daqueles; ii) a necessidade de um convênio de adesão em relação a cada plano de benefícios, fazendo com que cada um dos envolvidos assuma uma posição jurídica própria com foco no respectivo plano, o qual passa a ser objeto do convênio[16]; e iii) a chancela do poder público acerca de tal relação, traduzida na necessidade de prévia autorização do órgão regulador e fiscalizador.

---

(16) Segundo o art. 61, § 1º, do Decreto n. 4.240/2003, "convênio de adesão é o instrumento por meio do qual as partes pactuam suas obrigações e direitos para a administração e execução de plano de benefícios".

Tem-se, portanto, que, em relação a cada plano de benefícios oferecido pela entidade previdenciária após prévia autorização estatal, o patrocinador ou instituidor deverá celebrar convênio de adesão específico para, somente depois, estar autorizado a disponibilizar aludido plano aos participantes que lhes são vinculados.

Oportuno ressaltar, ademais, que o art. 34, inciso II, alínea "b", da Lei Complementar n. 109, de 2001, autoriza que o plano de benefícios oferecido pela entidade previdenciária seja multipatrocinado, ou seja, possa congregar mais de um patrocinador ou instituidor, o que reforça a independência existente entre a entidade previdenciária e aqueles que a patrocinam.

1.2.3.1.2. PARTICIPANTE OU ASSISTIDO

O art. 8º, inciso I, da Lei Complementar n. 109, de 2001, considera participante "a pessoa física que aderir aos planos de benefícios". O conceito legal, todavia, é generalizante, açambarcando planos de benefícios ofertados tanto por entidades fechadas como abertas.

Especificamente, no que tange ao regime fechado de previdência privada, objeto deste estudo, serão participantes os empregados da empresa ou grupo de empresas, bem como os servidores da União, Estados, Distrito Federal e Municípios, suas autarquias, fundações, empresas públicas e sociedades de economia mista que, nesta qualidade, aderirem ao plano de benefícios pelos mesmos patrocinados.

Igualmente, são considerados participantes os associados ou membros de categoria vinculados a entidades de caráter profissional, classista ou setorial que adiram ao plano de benefícios instituído por tais agremiações.

Por força do art. 16, § 1º, da Lei Complementar n. 109, de 2001, equiparam-se aos empregados e associados os gerentes, diretores, conselheiros ocupantes de cargo eletivo e outros dirigentes de patrocinadores e instituidores.

Relativamente aos participantes que ostentam a condição de empregados, percebe-se que a lei, neste particular, não faz distinção entre urbanos e rurais. E nem poderia, na medida em que o escopo constitucional trazido pelo art. 7º da Constituição vigente coloca trabalhadores urbanos e rurais em patamar de relativa igualdade, com mínimas diferenças decorrentes das peculiaridades do trabalho no campo[17].

---

(17) Pode-se citar como diferenças entre empregados urbanos e rurais: i) a jornada noturna: para o urbano das 22h de um dia às 5h do dia seguinte, com hora noturna de 52 minutos e 30 segundos

A CLT, no seu art. 3º, define empregado urbano como "[...] toda pessoa física que prestar serviços de natureza não eventual a empregador, sob a dependência deste e mediante salário". Já no art. 6º, a Consolidação Trabalhista não faz distinção "[...] entre o trabalho realizado no estabelecimento do empregador e o executado no domicílio do empregado, desde que esteja caracterizada a relação de emprego". Este último compreende o denominado empregado em domicílio que, reunindo os requisitos do vínculo de emprego, desempenha as atividades laborais na sua própria residência ou domicílio.

O empregado rural é conceituado pelo art. 2º da Lei n. 5.889, de 1973, como "[...] toda pessoa física que, em propriedade rural ou prédio rústico, presta serviços de natureza não eventual a empregador rural, sob a dependência deste e mediante salário". Para os efeitos da mesma lei (art. 3º), empregador rural é aquele que explora atividade agroeconômica ou agroindustrial.

No que concerne aos participantes que integram o serviço público, cumpre aqui fazer algumas considerações.

Sabe-se que a Administração Pública, direta ou indireta, somente atua por intermédio dos seus agentes. Carvalho Filho (2006, p. 15) esclarece que "os agentes são o elemento físico da Administração Pública", ou seja, "[...] são todos aqueles que, a qualquer título, executam função pública, como prepostos do Estado". Podem ser civis ou militares.

O mesmo autor (2006, p. 493-494) apresenta três modalidades de servidores públicos, civis, a partir da natureza do vínculo jurídico que os liga ao serviço público. Ter-se-iam, pois: i) *servidores públicos estatutários*, regidos por regime jurídico administrativo-institucional, ocupantes de cargo de provimento efetivo; ii) *servidores públicos trabalhistas ou celetistas*, regidos pela CLT e ocupantes de emprego público; e iii) *servidores públicos temporários*, contratados por prazo determinado para atender necessidade temporária de excepcional interesse público, na forma do art. 37, inciso IX, da Constituição Federal.

---

e adicional de 20% da hora diurna (art. 73 da CLT); para o rural, das 21h de um dia às 5h do dia seguinte, na lavoura e das 20h de um dia às 4h do dia seguinte, na pecuária, com hora noturna de 60 minutos e adicional de 25% da hora diurna (art. 7º da Lei n. 5.889, de 1973); ii) percentual de salário *in natura*, sendo 20% de alimentação e 25% de habitação, para o urbano (art. 458, § 3º, da CLT) e 25% de alimentação e 20% de habitação, para o rural (art. 9º da Lei n. 5.889, de 1973); e iii) redução da jornada em aviso prévio trabalhado, sendo de 2h por dia ou 7 dias corridos para o urbano (art. 488, parágrafo único, da CLT) e 1 dia por semana para o rural (art. 15 da Lei n. 5.889, de 1973).

Pode-se, ademais, acrescentar outras duas modalidades de agentes públicos, quais sejam: os *agentes políticos*, integrantes da própria estrutura dos poderes e do Ministério Público (como é o caso do Presidente da República, Governadores de Estados, Prefeitos Municipais, Deputados, Senadores, Vereadores, Juízes, Ministros de Estado, Secretários de Governo, bem como os membros do Ministério Público, entre outros); e os *comissionados*, de livre nomeação e exoneração, destinados às atribuições de direção, chefia e assessoramento, conforme art. 37, incisos II e V, da Constituição.

Para os *servidores celetistas* ou *empregados públicos*, tanto vinculados à Administração Pública Direta, suas Autarquias e Fundações como a entes administrativos que exploram atividade econômica e que, por isso, submetem-se ao regime jurídico próprio das empresas privadas, conforme art. 173, § 1º, inciso II, da Constituição, sua condição de participante de entidade fechada de previdência não se diferencia, em essência, daquela adquirida pelo empregado comum (urbano ou rural).

A distinção mais relevante centra-se no fato de que, por força do art. 6º da Lei Complementar n. 108, de 2001, no caso do empregado público, o respectivo patrocinador não poderá realizar aporte de contribuições em montante superior àquelas vertidas pelo participante. Ao contrário do empregado comum, que pode ter seu plano exclusivamente custeado pelo patrocinador-empregador.

Por outro lado, os *servidores públicos estatutários*, titulares de cargo efetivo, dependem da edição de lei de iniciativa do respectivo Poder Executivo para que possam aderir a planos ofertados por entidade de previdência fechada e, a partir daí, serem alçados à qualidade de participantes. A exigência da mencionada lei é trazida pelo art. 40, § 15, da Constituição, com redação dada pela Emenda Constitucional n. 41, de 2003[18].

Os *agentes políticos* enquadram-se na mesma situação dos servidores públicos estatutários, ou seja, somente poderão contrair o predicado de participantes de entidade fechada após a edição de lei específica nesse sentido.

O regime jurídico dos *servidores temporários* é estabelecido pela lei que define os critérios de sua contratação. Vinculam-se à Administração Pública sempre mediante contrato por prazo determinado, adstrito a uma necessidade temporária de excepcional interesse público.

---

(18) Como já citado anteriormente, foi aprovada no Congresso Nacional a Lei n. 12.618, de 2012, que institui o regime de previdência complementar para os servidores públicos federais.

A lei que cria o cargo temporário poderá remetê-lo à regência da CLT ou de estatuto especial, se houver. Nada obstante, vem prevalecendo o entendimento de que os servidores temporários submetem-se a regime jurídico-administrativo[19]. Entretanto, para fins previdenciários, inexiste previsão legal que impeça o servidor temporário de assumir o atributo de participante de plano de previdência fechada, independentemente do órgão a que se vincule.

Assim, se a contratação temporária se der no âmbito de Empresas Públicas ou Sociedades de Economia Mista, pessoas jurídicas de direito privado equiparadas às sociedades empresárias, a adesão do agente ao plano de benefícios de previdência fechada dependerá tão somente de permissibilidade do respectivo regulamento. Se, por outro lado, a contratação temporária se aperfeiçoar na seara da Administração Pública Direta, Autarquias e Fundações, pessoas jurídicas de direito público, a adesão ao plano de benefícios por parte do temporário dependerá, além da autorização do regulamento, da edição da lei a que se refere o art. 40, § 15, da Constituição Federal.

O mesmo se diga dos *comissionados*, de livre nomeação e exoneração, cuja vinculação ocorre tanto na esfera das Empresas Públicas e Sociedades de Economia Mista (empregos em comissão) como no campo da Administração Pública Direta, Autárquica e Fundacional (cargos em comissão). Para os empregados em comissão, a assunção à condição de participante dependerá apenas da autorização do regulamento do plano. Já para os ocupantes de cargo em comissão, a adesão ao regime fechado de previdência somente ocorrerá com a edição da lei que a institui.

O participante pode ou não ser assistido do plano de previdência que aderiu. Assim, tem-se que as qualidades de participante e assistido não devem ser confundidas.

Segundo disposto no art. 8º, inciso II, da Lei Complementar n. 109, de 2001, considera-se "assistido, o participante ou seu beneficiário em gozo de benefício de prestação continuada".

Como visto, a condição de participante consuma-se com a adesão da pessoa física ao plano de benefícios, observadas as demais exigências legais. O participante é, portanto, sujeito da relação previdenciária e adquire esse atributo na própria formação do vínculo jurídico.

---

(19) *Vide* informativo n. 526/2008 do STF. Disponível em: <http://www.stf.jus.br/arquivo/informativo/documento/informativo526.htm> Acesso em: 13.2.2012.

Ocorre que, no momento da execução do benefício, quando os requisitos de sua concessão já tiverem sido implementados, o participante, que até então cumpriu com suas obrigações de custeio do plano, poderá usufruir ou não do benefício, haja vista que a lei autoriza ao mesmo estipular em favor de um terceiro, até então alheio à relação, o gozo da benesse previdenciária contratada. Este terceiro é denominado beneficiário, conceituado por Cassa (2009, p. 115) como

> [...] a pessoa física que, embora não participe da contratação do plano, pode vir a integrar a relação jurídica de previdência privada na qualidade de favorecido, pelo fato de ter sido indicada pelo participante para que, no caso de sua morte, recebe um benefício de natureza previdenciária.

O beneficiário, enquanto favorecido do plano de benefícios, insere-se no conceito legal de assistido. Clarificando a diferença entre as figuras do participante e do assistido, ensina Correia (2004, p. 167):

> Entre as definições normativas estabelecidas, participante é aquele que adere ao plano de benefício de caráter previdenciário (art. 2º, IV). Na terminologia corrente dos contratos de previdência privada, *define-se participante como aquela pessoa física que subscreve a proposta de inscrição no plano, expressando seu interesse em aderir ao plano de previdência privada*. Em outras palavras, o participante é uma das partes do contrato de previdência privada, o qual se torna perfeito no momento em que a entidade de previdência privada aceita a proposta de inscrição do participante ao plano de benefícios.
>
> Em outra fase da execução do contrato, quando já estiver ocorrendo a percepção do benefício contratado, o participante, que até então cumpriu sua obrigação de pagamento das prestações que lhe dariam direito, no futuro, ao benefício, agora está efetivamente gozando do seu direito de receber o benefício tal como contratado. *O termo "assistido", que em seu sentido subjacente faz alusão a uma pessoa amparada ou socorrida, é utilizado para indicar a pessoa que está em gozo do benefício. Além do participante, o assistido poderá ser o seu beneficiário*, que é pessoa indicada na proposta de inscrição, ou em um documento específico, para receber pagamentos relativos a resgate ou benefícios, em decorrência do falecimento do participante. (Grifo nosso)

Em suma, a distinção entre participante e assistido situa-se exatamente no momento em que se encontra a relação jurídica previdenciária. Na formação, aquele que adere ao plano é considerado participante, sujeito do contrato previdenciário. Por ocasião da execução do benefício aventado, o destinatário da benesse é denominado assistido, que poderá ser o próprio participante contratante ou um terceiro (beneficiário) por ele indicado.

Com relação ao assistido-beneficiário, Cassa (2009, p. 116-126) admoesta que, embora, a princípio, a designação do mesmo seja de livre escolha do participante, no ato da contratação, é necessário estabelecer algumas restrições. Em primeiro lugar, de acordo com a autora, apenas pessoas físicas podem ser beneficiárias, excluindo-se, pois, as pessoas jurídicas ou outros entes despersonalizados. Neste ponto, concordamos em parte com Cassa, visto que, apesar da personalidade civil da pessoa natural somente ser adquirida com o seu nascimento com vida, conforme art. 2º do Código Civil, a lei põe a salvo os direitos do nascituro. Assim, não encontramos óbice legal para que o beneficiário seja um nascituro, conquanto este não detenha personalidade civil.

Outro aspecto frisado por Cassa (2009) é que o beneficiário não pode ter interesse na morte do participante, ou mesmo haver dado causa ao óbito.

A autora enfatiza, também, a possibilidade de utilização subsidiária da Lei n. 8.213, de 1991, que, em seu art. 16, indica os dependentes do Regime Geral de Previdência Social (RGPS). Assim, sempre que o participante não indicar beneficiário e o regulamento do plano nada dispuser, os benefícios serão destinados para os dependentes do RGPS[20]. Nas palavras da autora:

> Neste caso de ausência de indicação, entendemos que o valor deve ser pago aos dependentes econômicos. Não estamos generalizando, aplicando as regras de previdência social à previdência privada. É sabido que, se tratam de relações distintas: uma, institucional, outra contratual. Entretanto, não podemos esquecer de que a previdência privada é uma extensão da previdência social e que possui princípio básico de manter o padrão de vida das pessoas em situação de necessidade. Por isso, mais importante do que respeitar a vocação hereditária, é verificar a dependência econômica das pessoas envolvidas, já que os

---

(20) "Lei n. 8.213, de 1991, art. 16. São beneficiários do Regime Geral de Previdência Social, na condição de dependentes do segurado: I — o cônjuge, a companheira, o companheiro e o filho não emancipado, de qualquer condição, menor de 21 (vinte e um) anos ou inválido; II — os pais; III — o irmão não emancipado, de qualquer condição, menor de 21 (vinte e um) anos ou inválido; § 1º A existência de dependente de qualquer das classes deste artigo exclui do direito às prestações os das classes seguintes. § 2º O enteado e o menor tutelado equiparam-se a filho mediante declaração do segurado e desde que comprovada dependência econômica na forma estabelecida no Regulamento. § 3º Considera-se companheira ou companheiro a pessoa que, sem ser casada, mantém união estável com o segurado ou com a segurada, de acordo com o § 3º do art. 226 da Constituição Federal. § 4º A dependência econômica das pessoas indicadas no inciso I é presumida e a das demais deve ser comprovada."

recursos aportados pelo participante ao plano possuem finalidade previdenciária e esta finalidade será observada se os recursos cumprirem a mesma função com relação aos dependentes. (CASSA, 2009, p. 121)

Apesar de reconhecer a polêmica do entendimento exposto por Cassa, concorda-se com a autora. Isso porque o sistema previdenciário, seja ele público ou privado, tem por essência proteger o segurado e seus dependentes diante de contingências que levam à morte ou à incapacidade. A despeito de a Previdência Pública visar à manutenção básica de seus beneficiários e a privada ao padrão que os aportes contributivos lhes permitam adquirir, ambas guardam em si a mesma índole securitária.

Com efeito, muito mais coerente, na omissão de regramentos referentes à Previdência Privada, utilizar-se por analogia das normas que regem a Previdência Pública do que o socorro à legislação civil.

Embora se tenha por demais sedimentada a diferença entre a relação previdenciária e a relação de emprego, pode-se citar, a título ilustrativo, o texto do art. 1º da Lei n. 6.858, de 1980, que dispõe sobre o pagamento de créditos trabalhistas não recebidos em vida pelos respectivos titulares, preceituando que tais valores devem ser pagos, preferencialmente, aos dependentes habilitados perante a previdência social e, somente na falta destes, aos sucessores previstos na lei civil.

Ora, se entre os vínculos de emprego e previdenciário, onde existe uma diferença muito mais acentuada do que entre as relações de previdência pública e privada, o legislador optou por dar preferência de repasse aos dependentes habilitados junto à Previdência Social, porque não admitir que, na omissão de indicação dos beneficiários pelo participante e estando silente o regulamento do plano, os benefícios sejam pagos aos dependentes do Regime Geral de Previdência Social?

Agora, para aqueles participantes que não são filiados ao RGPS, só resta reconhecer o repasse aos herdeiros legais, aplicando-se, na espécie, os regramentos atinentes à sucessão civil.

1.2.3.1.3. Entidades fechadas de previdência privada

Como já explicitado anteriormente, a Previdência Privada no Brasil é dividida em dois segmentos: aberto e fechado. Vários são os fatores que caracterizam cada um desses segmentos, contudo o aspecto diferenciador mais marcante situa-se, sem dúvida, nas entidades responsáveis pelos respectivos planos de benefícios.

Destarte, existem dois grupos de pessoas jurídicas incumbidas de administrar o custeio e a concessão dos benefícios da Previdência Privada brasileira: as Entidades Abertas de Previdência Privada (EAPPs) e as Entidades Fechadas de Previdência Privada (EFPPs).

Os elementos que distinguem aludidas entidades já foram abordados no item 1.1 retro, sendo certo que o estudo particularizado do contrato de previdência privada, e sua consequente distinção daquele celebrado com as Entidades Abertas, será objeto de capítulo próprio. Centre-se, então, nas Entidades Fechadas de Previdência Privada, também denominadas Fundos de Pensão.

A primeira definição das Entidades Fechadas de Previdência no ordenamento jurídico brasileiro foi trazida pela Lei n. 6.435, de 1977, cujo art. 1º dispunha que as EFPPs teriam "[...] por objeto instituir planos privados de concessão de pecúlios ou de rendas, de benefícios complementares ou assemelhados aos da Previdência Social, mediante contribuição de seus participantes, dos respectivos empregadores ou de ambos".

Percebe-se que, desde o princípio, as Entidades Fechadas destinavam-se à gestão de planos de benefícios restritos aos empregados de determinado empregador, estruturando-se de maneira tal que somente os trabalhadores vinculados ao patrocinador poderiam ter acesso às benesses ofertadas pela dita instituição.

Com o advento da Lei Complementar n. 109, de 2001, as Entidades Fechadas de Previdência passaram a ser definidas como aquelas acessíveis, na forma regulamentada pelo órgão regulador e fiscalizador, exclusivamente aos empregados de uma empresa ou grupo de empresas e aos servidores da União, dos Estados, do Distrito Federal e dos Municípios, entes denominados patrocinadores; e aos associados ou membros de pessoas jurídicas de caráter profissional, classista ou setorial, denominados instituidores, conforme art. 31 da mencionada lei.

O legislador de 2001 manteve restrito o acesso aos planos administrados pelas Entidades Fechadas, porém, paralelamente aos empregados de determinada empresa ou grupo de empresas, os viabilizou aos agentes públicos vinculados à Administração Direta e Indireta da União, Estados, Distrito Federal e Municípios, bem como aos membros ou associados de agremiações profissionais, classistas ou setoriais.

O art. 31, § 1º, da Lei Complementar n. 109, de 2001, assinala que as Entidades Fechadas de Previdência Privada somente podem ser constituídas sob a forma de fundação ou sociedade civil, sem fins lucrativos.

Insta ressaltar, todavia, que a sociedade civil — antes prevista no art. 16, inciso I, do Código Civil de 1916 — não foi acolhida pelo Código Civil de 2002, o qual, em seu art. 44, somente considera como pessoas jurídicas de direito privado as associações, as fundações, as sociedades simples ou empresárias, assim como as organizações religiosas e os partidos políticos.

Portanto, inexistindo no ordenamento jurídico atual a figura da sociedade civil, resulta que a única forma de organização admitida para as Entidades Fechadas de Previdência é a de fundação, que, na definição de Gonçalves (2003, p. 203), "[...] constitui um acervo de bens, que recebe personalidade jurídica para a realização de fins determinados, de interesse público, de modo permanente e estável".

É de se discordar da conceituação trazida pelo autor apenas quanto à afirmação de que as fundações realizam fins de interesse público, visto que, na realidade, as fundações privadas deverão constituir-se com finalidades religiosas, culturais e assistenciais, conforme art. 62, parágrafo único, do Código Civil.

Ocorre que as Entidades Fechadas de Previdência Privada não têm sua finalidade enquadrada em quaisquer das hipóteses acima descritas, eis que seu objeto compreende a administração e execução de planos de benefícios de natureza previdenciária, por força do art. 32 da Lei Complementar n. 109, de 2001, sendo certo que tais atribuições não podem ser tidas como: religiosas, culturais ou assistenciais.

É exatamente por isso que Cassa (2009, p. 130) considera os Fundos de Pensão como entidades *sui generis*, posto que "[...] não se enquadram mais em nenhuma das hipóteses de pessoas jurídicas previstas na legislação civil vigente".

Aquiesce-se em parte com a autora, na medida em que a Lei Complementar n. 109, de 2001, afirma categoricamente que as Entidades Fechadas podem organizar-se como fundações, estando tal figura prevista na legislação civil. Porém, a finalidade da instituição seria especificamente previdenciária, haja vista a existência de lei especial dispondo nesse sentido. Resta mais adequado dizer que as Entidades Fechadas assumem a posição de *fundações especiais*.

De toda sorte, os Fundos de Pensão serão sempre pessoas jurídicas de direito privado, mesmo quando constituídos por pessoas jurídicas de direito público. Exemplo disso é a Lei n. 12.618, de 2012, que institui a previdência complementar dos servidores públicos federais, assinalando que a Fundação de Previdência Complementar do Servidor Público Federal

— FUNPRESP, a ser criada pela União, terá personalidade jurídica de direito privado.

No entanto, apesar de serem pessoas jurídicas de direito privado, as Entidades Fechadas de Previdência só podem ser constituídas e funcionar mediante prévia aprovação do órgão regulador, conforme art. 33 da Lei Complementar n. 109, de 2001, sofrendo, pois, forte dirigismo estatal.

Tal dirigismo expressa-se, inclusive, na própria organização administrativa das EFPPs, exigindo o art. 35 da Lei Complementar n. 109, de 2001, que ditas instituições mantenham estrutura mínima composta por conselho deliberativo, conselho fiscal e diretoria-executiva, como representação dos participantes e assistidos nos dois primeiros órgãos em, pelo menos, dois terços das vagas, conforme § 1º do mesmo artigo de lei.

Outra característica importante dos Fundos de Pensão relaciona-se ao fato de ser vedado aos mesmos o escopo lucrativo. Com efeito, as Entidades Fechadas jamais poderão ser consideradas como sociedades empresárias, visto que não conservam desígnio associado à atividade econômica.

Isso não quer dizer, contudo, que as Entidades Fechadas, ao administrarem montantes pecuniários vertidos para a formação das reservas necessárias à concessão dos benefícios, fiquem impossibilitadas de obter um resultado positivo por meio de investimentos realizados com os recursos dos planos. Tanto é verdade que a própria Lei Complementar n. 109, de 2001, afirma, em seu art. 20, que o resultado superavitário formará reserva de contingência, podendo culminar com a revisão dos benefícios ou redução das contribuições.

Tem-se, portanto, que, apesar de as Entidades Fechadas não poderem lançar no mercado para a obtenção de lucro os planos que administram, devem sempre visar, na gestão dos fundos aplicados, a um resultado positivo e economicamente satisfatório. Nesse sentido, esclarece Pulino (2011, p. 208):

> Em suma, pode-se dizer que, conquanto a *entidade fechada* de previdência complementar *não possa ter intuito lucrativo* — e é principalmente nessa medida que ela se distingue da entidade aberta, daí advindo uma série de diferenças entre essas duas modalidades de entidades, como já vimos —, o *plano de benefícios* previdenciários complementares, operado por entidade *fechada* tem sempre, ele, *o plano*, finalidade "lucrativa", pois sempre deve ser instituído e administrado com o objetivo de obter resultado econômico-financeiro-atuarial *positivo* ou, no mínimo, *equilibrado*, ajustado aos compromissos que porventura tenham sido predefinidos — e nessa outra medida dele se aproximam

quaisquer outros planos de benefícios previdenciários, sejam os complementares operados pelas entidades abertas, sejam *mesmo* os planos de *previdência básica, pública e obrigatória*. (Grifo nosso)

Ora, muitas vezes os valores injetados nos Fundos de Pensão somam vultosas quantias, sendo descabido pensar que tais valores não podem ser aplicados no mercado de investimentos para produzir mais rendimento aos planos e, por consequência, aos próprios participantes e assistidos[21].

Resumindo as características que identificam as Entidades Fechadas de Previdência Privada, as quais intitulam Entidades Fechadas de Previdência Complementar (EFPC), Jesus dos Santos (2005, p. 327-328) destaca que:

a) a EFPC é uma espécie do gênero entidade de previdência complementar.

b) a iniciativa de instituir e manter uma EFPC, pode ser do patrocinador, quando se trata de entidade que administra planos de benefícios dos empregados de uma empresa ou grupo de empresas, ou planos de benefícios acessíveis aos servidores federais, estaduais ou municipais; ou do instituidor, quando se trata de entidade que administra planos de benefícios acessíveis a membros de pessoas jurídicas de caráter profissional, classista ou setorial.

c) a EFPC é sempre uma pessoa jurídica de direito privado, ainda que o patrocinador seja pessoa jurídica de direito público.

d) as EFPCs são, obrigatoriamente, constituídas sob a forma de fundação ou de sociedade civil sem fins lucrativos [vimos que esta última modalidade não foi recebida pelo Código Civil de 2002].

e) as EFPCs não podem ter fins lucrativos. A finalidade não lucrativa da entidade fechada é obrigatória por força do disposto no § 1º do art. 31, da LC n. 109, de 2001.

f) o acesso aos planos de benefícios das EFPCs é restrito a determinados grupos ou categorias de pessoas físicas, ou seja, empregados de uma empresa ou grupo de empresas, servidores públicos, membros de categorias profissionais, classistas ou setoriais.

g) o objeto institucional das EFPCs é, única e exclusivamente, a instituição e execução de planos de benefícios de caráter previdenciário.

---

(21) Para um aprofundamento sobre as Entidades Fechadas de Previdência Privada e o mercado econômico, *vide* Pulino (2011, p. 206-219).

Assim, desde a formação até a estrutura, desenvolvimento e finalidade, as EFPPs devem seguir os limites impostos pelo legislador, haja vista a importância da sua atuação na gestão duradoura de recursos de terceiros.

Finalmente, o legislador qualificou as Entidades Fechadas de Previdência a partir de dois critérios distintos. De acordo com os planos que administram, as EFPPs serão de *plano comum*, quando administram planos ou conjunto de planos acessíveis ao universo de participantes; e com *multiplano*, quando administram planos ou conjunto de planos de benefícios para diversos grupos de participantes, com independência patrimonial. Já de acordo com seus patrocinadores ou instituidores, os Fundos de Pensão classificam-se em *singulares*, quando estiverem vinculadas a apenas um patrocinador ou instituidor; e *multipatrocinadas*, quando congregarem mais de um patrocinador ou instituidor, tudo nos termos do art. 34 da Lei Complementar n. 109, de 2001.

1.2.3.1.4. ESTADO

Viu-se em linhas pretéritas que os planos de benefícios de previdência fechada podem ter como patrocinadores entes que integram a Administração Pública Direta e Indireta da União, dos Estados, do Distrito Federal e dos Municípios. Nesta qualidade, os entes administrativos são signatários diretos do negócio jurídico previdenciário, ocasião em que os respectivos agentes figurarão como participantes ou assistidos.

Entretanto, não é na condição de patrocinador dos planos de benefícios que destacamos, neste tópico, a atuação estatal. Na verdade, o Estado é colocado aqui não como sujeito direto da relação, mas como agente indireto, regulando e fiscalizando as atividades exercidas pelos Fundos de Pensão.

Pulino (2011, p. 351-353) explica ser exatamente a relevância das atividades exercidas pelo segmento fechado de previdência, com vistas à administração de recursos vertidos por longo período para assegurar a cobertura em favor dos beneficiários, que impõe uma maior intervenção do Estado nas relações jurídicas que a permeiam. Nas palavras do autor (2011, p. 352):

> Já no caso da previdência complementar fechada, se sua atividade é por princípio não lucrativa, resultado da construção inicial de esforços de empregados e empregadores (ou, até mesmo, somente destes), tendo por finalidade, precipuamente, proporcionar a melhor cobertura previdenciária para os

primeiros (a gerar, por mecanismos psicológicos e de administração de empresas, que não nos compete explicar, resultados práticos proveitosos também para os segundos), parece claro que, em princípio, em linhas gerais, é maior o leque de opções políticas capazes de conformar de modo *adequado*, *sem* incorrer em *excesso*, determinada medida interventiva que imponha delimitação à liberdade contratual ou a outra forma de expressão da autonomia privada dos participantes e dos patrocinadores.

O Estado exerce, portanto, evidente intervenção sobre a relação jurídica de previdência privada fechada, que vai desde a formulação da política previdenciária até a fiscalização de funcionamento das entidades e proteção dos interesses de participantes e assistidos, passando pelo disciplinamento, coordenação e supervisão das atividades, além da determinação dos padrões mínimos de segurança econômico-financeira e atuarial, a teor do disposto no art. 3º da Lei Complementar n. 109, de 2001.

A citada Lei Complementar de 2001 previu, ademais, inúmeras situações que desafiam a atuação de órgão regulador e fiscalizador estatal nas relações de previdência privada, como, por exemplo: na instituição e operação de planos de benefícios (art. 6º); na formalização da condição de patrocinador ou instituidor (art. 13); no estabelecimento do plano de custeio para a formação das reservas (art. 18); na obrigatoriedade de divulgação aos assistidos das informações sobre os planos de benefícios (art. 24), bem como na própria constituição e funcionamento das EFPPs (art. 33).

Não fosse pouco, a Lei Complementar n. 109, de 2001 destinou capítulos próprios à fiscalização (capítulo V), à intervenção e liquidação extrajudicial da entidade (capítulo VI), como também ao regime disciplinar dos administradores das entidades (capítulo VII), os quais responderão pelos prejuízos que, por ação ou omissão, causarem às entidades.

Na seara da previdência privada fechada, a regulação compete ao Conselho Nacional de Previdência Complementar (CNPC), e a fiscalização, à Superintendência Nacional de Previdência Complementar (PREVIC). Vale, ainda, mencionar a existência da Câmara de Recursos da Previdência Complementar (CRPC), órgão recursal colegiado no âmbito do Ministério da Previdência Social, à qual compete o julgamento dos recursos administrativos interpostos contra as decisões do órgão fiscalizador sobre aplicação de penalidades administrativas aos dirigentes das entidades fechadas.

Sobressai evidente, portanto, a forte intervenção que o Estado exerce sobre o contrato previdenciário, seja de maneira sutil, por meio de posturas indutivas voltadas ao encorajamento dos participantes à adesão aos planos ou incentivos a uma maior universalidade da cobertura; seja por meio de normas cogentes, que se impõem à vontade do particular, restringindo sua autonomia. Numa ou noutra forma de atuação, o Estado, sem dúvida, constitui sujeito integrante da relação previdenciária fechada.

1.2.3.2. Objeto e conteúdo da relação jurídica de previdência privada fechada

O *objeto* da relação jurídica de previdência fechada consubstancia-se, basicamente, no estabelecimento de planos voltados à constituição de reservas para a concessão de benefícios a destinatários específicos, com vistas a minimizar ou, até mesmo, eliminar os efeitos negativos decorrentes dos riscos sociais.

Póvoas (2007, p. 64) esclarece que "[...] os riscos sociais são os perigos a que estão submetidos os homens, em sociedade, e cuja materialização se reflete sempre, negativamente, em seu bem-estar e no de sua família, criando problemas sociais". Podemos citar como exemplos de riscos sociais a velhice, a doença, a invalidez, o desemprego, entre outros.

É bem verdade que muitos desses riscos sociais já são cobertos pelo Estado no exercício de seu papel provedor, sobremodo por meio dos programas de saúde, assistência e previdência oficial. Contudo, a dimensão da proteção estatal, via de regra, visa apenas ao resguardo de um padrão básico de vida.

Destarte, a previdência privada atua de modo ancilar aos programas oficiais, proporcionando àqueles que disponham de recursos suficientes a faculdade de ampliar o sistema de proteção. Em se tratando de previdência fechada, contudo, não basta dispor de recursos para o custeio do plano, sendo indispensável que este esteja acessível, em virtude de o interessado ostentar a qualidade de empregado do patrocinador ou associado do instituidor.

Já o modo que a proteção aos riscos sociais é realizada pelo regime fechado de previdência define o *conteúdo* da relação jurídica subjacente. Aludido conteúdo traduz-se, portanto, por meio dos benefícios concedidos e das contribuições para seu respectivo custeio.

Relativamente aos planos de benefícios passíveis de serem ofertados pelas Entidades de Previdência Privada, dispõe o art. 7º, parágrafo único, da Lei Complementar n. 109, de 2001, que "o órgão regulador e fiscalizador normatizará planos de benefícios nas modalidades de benefício definido, contribuição definida e contribuição variável, bem como outras formas de planos de benefícios que reflitam a evolução técnica e possibilitem flexibilidade ao regime de previdência complementar"[22].

Note-se que o preceito legal não faz restrição quanto às entidades que podem operar tais planos, de modo que os mesmos poderão ser ofertados tanto por Entidades Abertas como Fechadas. Todavia, em se tratando do regime de previdência dos servidores públicos, o art. 40, § 15, da Constituição, com redação dada pela Emenda Constitucional n. 41, de 2003, impõe que os planos ofertados aos respectivos participantes somente sejam concebidos na modalidade de contribuição definida.

Sem ignorar a cláusula de abertura trazida pela parte final do art. 7º, parágrafo único, da Lei Complementar n. 109, de 2001, volte-se para os planos de benefício definido (BD), contribuição definida (CD) e contribuição variável (CV).

Como bem elucida Cassa (2009, p. 155), os planos de benefício definido "caracterizam-se por serem aqueles em que o valor do benefício é determinado na data da contratação". Desse modo, é necessário um complexo cálculo atuarial para a fixação do valor contributivo, a fim de viabilizar o cumprimento do pactuado.

Apesar de os planos de benefício definido terem sido os primeiros ofertados nos domínios da Previdência Privada, Weintraub (2005, p. 98) pontua que "a tendência das entidades de Previdência Privada é a de se evitar a adoção do modelo de plano de benefício definido, por causa da responsabilidade contratual de benefício futuro".

De fato, os planos de benefício definido são bem mais difíceis de serem administrados, em razão das inúmeras variáveis que, ao longo dos anos de contribuição, podem afetar a higidez das reservas necessárias à manutenção do valor da benesse contratada.

Já os planos de contribuição definida não garantem ao participante ou assistido o valor do benefício futuro. Neles, "[...] fixadas as contribuições e a periodicidade de sua realização para o plano, os benefícios são apurados tão somente ao final do período de capitalização, correspondendo a parcela percentual ou valor fixo do saldo das reservas acumuladas na conta do contribuinte" (CAZETTA, 2006, p. 51).

---

(22) Ressalte-se, entretanto, que, segundo disposto no art. 31, § 2º, da Lei Complementar n. 109, de 2001, as entidades fechadas constituídas por instituidores só podem ofertar planos de benefícios na modalidade contribuição definida.

Desse modo, nos planos de contribuição definida, o valor dos benefícios dependerá das contribuições vertidas no período de apuração e da rentabilidade decorrente das aplicações realizadas pela entidade incumbida de administrar as reservas.

Finalmente, os planos de contribuição variável caracterizam-se, segundo Cassa (2009, p. 160) "[...] por não pressuporem regularidade no valor das contribuições, nem periodicidade definida, de modo que o participante efetua os aportes de acordo com a sua conveniência".

Tais planos não asseguram o valor do benefício futuro nem impõem uma regularidade no recolhimento ou fixam o valor das contribuições, de modo que as reservas vão-se formando de acordo com a capacidade de comprometimento do contribuinte, aliadas à capitalização decorrente da aplicação do montante apurado pela entidade administradora do fundo.

Já no tocante às contribuições para custeio dos planos de benefício, independentemente de sua modalidade, tem-se que as mesmas serão pagas de maneira compartilhada por participante e patrocinador ou instituidor. Os planos patrocinados podem, contudo, ser custeados exclusivamente pelos empregadores.

Os planos instituídos, além das contribuições do participante e do instituidor, também admitem contribuições de terceiros, conforme permissivo trazido pelo art. 10, § 4º, da Resolução n. 12, de 2002, do Conselho de Gestão da Previdência Complementar.

Vale salientar, por derradeiro, que, no sub-regime fechado patrocinado pelo empregador, as contribuições, os benefícios e as condições contratuais previstas nos estatutos, regulamentos e planos de benefícios das entidades de previdência privada não integram o contrato de trabalho dos participantes, assim como, à exceção dos benefícios concedidos, não integram a remuneração dos participantes, conforme art. 202, § 2º, da Constituição e art. 68 da Lei Complementar n. 109, de 2001[23].

1.2.3.3. Regime jurídico aplicável à relação de previdência privada fechada

O último aspecto a ser investigado neste capítulo diz respeito ao regime jurídico aplicável à relação fechada de previdência. O cerne da problemática

---

(23) A distinção entre o contrato de trabalho e o contrato de previdência privada fechada será aprofundada no capítulo seguinte.

gira em torno da natureza complexa da relação previdenciária, bem como do funcionamento paralelo de regimes público e privado de previdência.

A previdência oficial, promovida pelo Estado, seja por meio do Regime Geral de Previdência Social, seja por meio dos Regimes Previden-ciários Próprios, sem dúvida insere-se no rol das atividades típicas de Estado. Constituem, portanto, relações submetidas a regime jurídico público.

Tal conclusão não decorre simplesmente de critério subjetivista pautado na presença do Ente Estatal na relação, até porque o Estado pode atuar em segmentos que, a princípio, estariam reservados ao particular, como ocorre na hipótese descrita pelo art. 173 da Constituição, que viabiliza a exploração direta ou indireta de atividade econômica por ente da Administração, ocasionando sua sujeição ao regime jurídico próprio das empresas privadas, inclusive quanto aos direitos e obrigações civis, comerciais, trabalhistas e tributários (art. 173, § 1º, inciso II, da Constituição).

Outrossim, é possível aos particulares — por meio de concessões, permissões ou delegações — explorar economicamente serviços públicos, o que confirma a ideia de que não são os sujeitos da relação que determinam o regime jurídico a ela aplicável.

Assim, diz-se pública a previdência oficial porque atrelada ao interesse público de prover um padrão de vida mínimo ao segurado diante das contingências que levam à morte ou à incapacidade para o trabalho. É bem verdade que o resguardo do beneficiário frente a tais infortúnios acaba por, de maneira reflexa, atender a seu interesse particular.

Todavia, o caráter compulsório de filiação ao regime público de previdência deixa claro que o conjunto de normas que o regem se impõe à vontade do beneficiário, criando direitos e obrigações voltados ao atendimento de desideratos estatais específicos que, no caso da previdência, referem-se à cobertura dos segurados contra determinados riscos sociais.

Em suma, pode-se dizer que a Previdência Oficial tem substrato material voltado à consecução do interesse público de resguardar os segurados em face de certas adversidades oriundas da vida em sociedade; e substrato formal estruturado por normas que submetem a relação jurídica a previsões de caráter cogente, sobretudo no que se refere à filiação, ao custeio e aos requisitos para a concessão de benefícios.

Acontece que a Constituição Federal, ao tratar, em seu art. 194, acerca da seguridade social (que compreende saúde, assistência e previdência), definiu a mesma como um conjunto integrado de ações de iniciativa tanto dos Poderes Públicos como da sociedade.

Resulta, com isso, que a atividade previdenciária, apesar de essencial aos anseios do Estado, enquanto provedor de bem-estar social, pode ser exercida por particulares, em âmbito reservado.

Entretanto, essa mesma proteção previdenciária, cujo implemento é facultado a agentes privados, pode ou não encontrar-se apoiada em parâmetros próprios da economia de mercado.

Isso porque a exploração de atividade econômica pressupõe, a rigor, a busca de resultados lucrativos em favor do agente explorador. Porém, em se tratando de Previdência Privada Fechada, ao contrário do que ocorre com o segmento Aberto, a Lei Complementar n. 109, de 2001, vedou expressamente a busca de fins lucrativos pelas respectivas entidades previdenciárias, conforme art. 31, § 1º.

Com efeito, os planos de benefícios administrados pelas entidades fechadas de previdência não podem ser comercializados, permanecendo restritos aos empregados de empresas patrocinadoras, servidores públicos ou associados de entidades instituidoras. Isso não quer dizer, como já mencionado anteriormente, que os gestores dos planos fiquem impedidos de aplicar os montantes vertidos para auferir rentabilidade em prol dos próprios sujeitos envolvidos, na medida em que os resultados superavitários poderão reduzir o valor das contribuições e ampliar os benefícios.

Outro fator marcante da relação de previdência fechada é o forte intervencionismo estatal, regulando e fiscalizando desde a criação das entidades até o custeio e desenvolvimento do contrato, incluindo a análise dos requisitos para a concessão dos benefícios e a própria viabilidade do plano ofertado.

Ainda assim, mesmo não sendo precipuamente econômica e estando submetida a um robusto dirigismo do Estado, há de prevalecer compreensão de que a relação jurídica previdenciária fechada é uma relação de índole privada.

Tal conclusão decorre basicamente de dois aspectos marcantes. Primeiramente tem-se que o substrato material da relação é nitidamente auxiliar, dado que os planos de previdência fechada são de filiação facultativa e o custeio é realizado a partir do interesse único e exclusivo dos sujeitos envolvidos em ampliar a esfera de proteção conferida pela Previdência Oficial. Em segundo lugar, o substrato formal do contrato de previdência fechada é alicerçado na prevalência da autonomia da vontade, a despeito das restrições legais.

Especificamente acerca da autonomia da vontade no contrato de previdência privada, ensina Pulino (2011, p. 283) que:

> É por meio da autonomia privada reinante no setor, que se expressa de modo mais agudo justamente pela combinação da facultatividade e deste caráter *contratual* que marcam constitucionalmente o regime de previdência complementar, que as partes (patrocinadores ou instituidores, participantes ou assistidos, e as entidades de previdência complementar), justamente por este aspecto negocial que ora tomamos por foco, poderão, segundo seus interesses (pautadas, claro, por suas possibilidades econômicas concretas), desenhar livremente (dentro dos limites aos quais nos referiremos logo à frente) *a extensão os limites e os efeitos* da proteção previdenciária que resolveram entre si estabelecer, valendo isso, quer no momento de início da proteção complementar (p. ex., criação do plano previdenciário e montagem do respectivo regulamento; criação ou escolha da entidade administradora; oferta do plano e respectivas adesões pelos participantes), quer no de seu *desenvolvimento* (as concessões dos benefícios contratados, que são a razão de ser de todo o regime, além das eventuais alterações no regulamento ou no estatuto, eventuais transferências de gerenciamento dos planos, opção pelos institutos do autopatrocínio ou benefício proporcional diferido, também eventual equacionamento de resultados deficitários, etc.) e mesmo no momento de eventual *encerramento* autônomo daquela proteção (p. ex., desfiliação dos participantes ou retirada do patrocínio). (Grifo nosso)

Note-se que o autor aponta vários exemplos nos quais a autonomia privada de vontade prevalece no contrato previdenciário, desde a formação do vínculo, com a facultatividade de adesão, até o desenvolvimento e a extinção do negócio jurídico.

Aludida autonomia privada, que marca o regime jurídico aplicável à relação de previdência fechada, não se desnatura pelo fato de o Estado intervir fortemente no vínculo estabelecido. Na verdade, a intervenção estatal tem por escopo justamente assegurar o adequado cumprimento das condições ajustadas.

Quer-se, dizer, portanto, que o dirigismo contratual praticado pelo Estado no que se refere aos negócios jurídicos previdenciários privados não lhes retira da categoria de relações sujeitas ao regime privado, posto que ainda prevalecente a autonomia privada de vontade, mesmo que por vezes mitigada por órgão regulador e fiscalizador oficial[24].

---

(24) Adverte Pulino (2011, p. 287-288) que "[...] essa acentuada intervenção não descaracteriza (nem poderia descaracterizar, como veremos oportunamente) o caráter privado do regime de previdência

Além do mais, o contrato de previdência privada fechada não é o único que sofre forte regulação estatal. Pode ser citado como exemplo de contrato dirigido aquele cujo objeto compreende planos privados de assistência à saúde, regidos pela Lei n. 9.656, de 1998, que disciplina desde a autorização de funcionamento das operadoras dos mencionados planos (art. 8º) até a vigência do contrato (art. 13), a clareza de suas cláusulas (art. 16), a obrigatoriedade de cobertura (art. 35-C) e a fiscalização de atuação das entidades que operam os planos (art. 35-A).

---

complementar. [...] É dentro, portanto, dos limites dessa acentuada ordenação estatal do setor que haverá de desenvolver-se a autonomia privada de participantes, assistidos, patrocinadores, instituidores e entidades previdenciárias, os quais, sobretudo pelo instrumento do contrato, darão vida às relações que culminarão no oferecimento de proteção previdenciária complementar".

2. Contrato de Previdência Privada Fechada

A determinação da competência jurisdicional em matéria de previdência privada fechada exige a adequada compreensão do contrato previdenciário, em especial como o mesmo é formado e como se desenvolve. Antes, porém, é fundamental que se identifique a natureza jurídica da relação previdenciária privada fechada.

2.1. A relação de previdência privada fechada como negócio jurídico contratual

Viu-se que o vínculo de previdência privada fechada no Brasil traduz-se por meio de uma relação jurídica, com sujeitos, objeto e conteúdo específicos, submetida à regência do Direito Privado e fortemente tutelada pelo Estado, que fiscaliza o funcionamento das entidades previdenciárias e protege os interesses de participantes e assistidos.

Resta agora firmar o tipo de relação jurídica que compreende aludido vínculo previdenciário. Segundo Reale (2002, p. 223), "há tantos tipos de relações jurídicas quantas possam ser as variações dos fatos sociais e de sua disciplina normativa".

Não é intenção deste trabalho, todavia, implementar um maior aprofundamento no estudo das relações jurídicas. Entretanto, existe uma modalidade de relação merecedora de destaque e cujo conhecimento permitirá uma melhor compreensão do objeto investigado. Trata-se do negócio jurídico. Andrade (1992, p. 33-36) define negócio jurídico como:

> [...] um facto (sic) voluntário lícito cujo núcleo essencial é constituído por uma ou várias declarações de vontade privada, tendo em vista a produção de

certos efeitos práticos ou empíricos, predominantemente de natureza patrimonial (econômica), com ânimo de que tais efeitos sejam tutelados pelo direito — isto é, obtenham a sanção da ordem jurídica — e que a lei atribui efeitos jurídicos correspondentes, determinados, *grosso modo*, em conformidade com a intenção dos declarantes (autores ou sujeitos do negócio).

Já Reale (2002, p. 224) entende por negócio jurídico "[...] o ato jurídico pelo qual uma ou mais pessoas, em virtude de declaração de vontade, instauram uma relação jurídica, cujos efeitos, quanto a elas e às demais, se subordina à vontade declarada, nos limites consentidos pela lei".

Ambas as definições citadas conciliam-se ao identificar no negócio jurídico a presença de declaração ou declarações de vontade, tendo Andrade inclusive considerado tal característica como sendo o núcleo essencial do ato negocial.

Também há concordância no sentido de que a declaração ou as declarações resultam em efeitos práticos vinculados àquela vontade manifestada. Evidencia Reale (2002, p. 224) que "[...] todo negócio jurídico deve ter em mira atingir um resultado prático, que já pode estar configurado num modelo legal (negócio jurídico típico) ou, então, representar algo de novo não previsto pela legislação, mas compatível com ela (negócios jurídicos atípicos)".

Pertinente enfatizar que os negócios jurídicos são dotados de elementos essenciais, naturais e acidentais. Esclarecendo a clássica tripartição dos elementos dos negócios jurídicos, alude Andrade (1992, p. 33-36):

> Ocorre distinguir entre os elementos essenciais dos negócios jurídicos em geral e os elementos essenciais de cada particular tipo de negócios jurídicos. No 1º sentido os elementos essenciais dos negócios jurídicos são as condições ou requisitos gerais necessários para a validade de qualquer destes negócios: capacidade das partes; declaração ou declarações de vontade — com os requisitos a expor ulteriormente, e que aliás podem variar até certo ponto, conforme o negócio jurídico de que se trate; e objeto possível (física e legalmente). Por seu lado, os elementos essenciais de cada tipo negocial previsto, nomeado e regulado na lei (venda, locação, mandato, testamento, etc.) são as cláusulas ou estipulações negociais (contidas na respectiva declaração ou declarações de vontade) que caracterizam ou contradistinguem, que os estremam em face dos restantes [...]. Elementos naturais dos negócios jurídicos são os efeitos que eles produzem sem a necessidade de estipulação correspondente, mas que podem ser excluídos por cláusula em contrário.

> [...] Elementos acidentais dos negócios jurídicos, são as cláusulas ou estipulações negociais que, não sendo indispensáveis para caracterizar o tipo abstrato (*sic*) do negócio (venda, doação, etc.), ou para individualizar sua entidade concreta, todavia não se limitam a reproduzir disposições legais supletivas, antes de se tornarem necessárias para que tenham lugar os efeitos jurídicos a que tendem.

Extrai-se, pois, que os elementos essenciais do negócio jurídico são aqueles que fazem parte da sua própria índole, sem os quais o negócio restará corrompido, perdendo características que lhes são imanentes. Já os elementos naturais estão intimamente ligados aos efeitos produzidos pelo negócio jurídico, sem que haja qualquer estipulação correspondente, mas que dele decorrem naturalmente. É o conjunto de resultados práticos provenientes da relação. Finalmente, os elementos acidentais são aqueles que, embora não sejam indispensáveis, podem ser estabelecidos pelos pactuantes com vistas à produção de certos e determinados resultados.

De todos os elementos citados, não há dúvidas de que os essenciais adquirem maior importância, eis que indispensáveis à própria formação da relação jurídica negocial. Pode-se afirmar, pois, que, presentes a capacidade do agente, a manifestação de vontade e o objeto possível, haverá um negócio jurídico, independentemente do formato que o mesmo venha a assumir.

Por outro lado, levando em conta a vontade manifestada, os negócios jurídicos classificam-se em unilaterais (testamento, renúncia de herança, etc.) e contratuais (compra, venda, comodato, doação, etc.), nos quais existirão duas ou mais manifestações de vontades, quer sejam os negócios jurídicos bilaterais ou plurilaterais, respectivamente[25]. Independentemente da existência de uma ou mais manifestações de vontade, adverte Andrade (1992, p. 39) que:

> [...] na formação do contrato uma das declarações (singulares ou plurais) antecede, por pouco que seja, a outra ou outras. É uma das partes que se adianta a propor à outra (ou outras) a conclusão do contrato. Esta primeira declaração tem o nome de *oferta* ou *proposta*. Se do outro lado (ou lados) se anui à proposta tem lugar a aceitação e com ela (em dados termos) fica perfeito o contrato. (Grifo nosso)

---

(25) Andrade (1992, p. 39) ressalta que: "De harmonia com o exposto é evidente que o contrato há dois ou mais lados, duas ou mais partes. Em regra são duas, e como a regra tem muito poucas exceções, daí o falar-se em negócios jurídicos *bilaterais*, em vez de negócios jurídicos *plurilaterais*. Mas podem ser mais de duas (contrato de sociedade)".

O contrato somente se aperfeiçoa se ambas as declarações de vontade tiverem sido realizadas. Exatamente por isso que Andrade (1992, p. 42-43) enfatiza não ser o contrato composto de dois ou mais negócios jurídicos unilaterais, pois cada uma das partes não quer provocar, de maneira autônoma, o efeito visado. É o contrato, portanto, resultado de um consenso, de um encontro de intenções, no qual o proponente aguarda a aceitação da oferta para que o negócio se conceba.

Quanto à forma a que se revestem, os contratos poderão ser escritos ou verbais. Os primeiros expressados por meio de um documento minutado, cuja exigência comporta pressuposto de validade do instituto ou se faz indispensável à sua prova. Os verbais, ao revés, não se expressam formalmente em um instrumento escrito, aperfeiçoando-se a partir da simples manifestação oral dos pactuantes.

Especificamente em relação ao vínculo de previdência privada fechada, não há dúvida de que o mesmo insere-se no rol dos negócios jurídicos contratuais. Tal contratualidade reside exatamente no fato de que a relação previdenciária em exame perfaz-se mediante declarações de vontade dos pactuantes, com vistas à produção de efeitos específicos, quais sejam, a constituição de reservas e a concessão de benefícios aos participantes ou assistidos, diante de determinadas contingências sociais.

Tanto é verdade que o próprio art. 202 da Constituição Federal diz que o regime de previdência privada está baseado na constituição de reservas que garantam o benefício contratado[26]. Destarte, diferentemente do que ocorre com o regime público de previdência, de natureza institucional e vinculação obrigatória, o regime privado é pautado na prevalência da autonomia privada de vontade. Destaca Pulino (2011, p. 282-284) que:

> A autonomia privada consiste, justamente, na possibilidade, reconhecida pelo direito aos particulares, de se autorregrar, criando normas negociais que servirão para disciplinar os seus próprios interesses. [...] diferentemente do regime de previdência oficial, para o qual impera o princípio da legalidade estrita, na previdência complementar os direitos, deveres e obrigações das partes devem estar estabelecidos, por elas próprias, sobretudo pelo instrumento do contrato.

Ressalte-se que a contratualidade do vínculo de previdência privada fechada se exterioriza não apenas no momento de sua formação (com a facultatividade de adesão), mas igualmente em seu desenvolvimento (com

---

(26) *Vide* art. 202 da Constituição Federal de 1988.

a concessão de benefícios e alteração no regulamento do plano) e na sua extinção (com a possibilidade de desfiliação do participante ou retirada do patrocínio).

Póvoas (2007, p. 259), inclusive, afirma categoricamente que a inscrição de uma pessoa no plano de benefícios operado por uma entidade fechada faz-se por meio de um contrato, o qual denomina contrato previdenciário. Definindo-o, assinala o autor (2007, p. 274) que:

> Contrato previdenciário é o ato jurídico bilateral pelo qual uma pessoa — o participante, querendo garantir-se e aos seus contra as consequências da materialização de certos riscos sociais, acorda com uma pessoa legalmente autorizada a efetuar, no domínio privado, a compensação desses riscos — a entidade, mediante o pagamento (único ou continuado) de uma importância — a contribuição, receber, por ele ou pelas pessoas que designou como beneficiário a respectiva compensação ou reparação, na forma de benefícios pecuniários ou de serviços previdenciários.

Correia, a seu turno, sintetiza as características do contrato de previdência privada fechada. Nas palavras de Correia (2004, p. 200-201):

> Diferentemente do regime geral de previdência, a relação jurídica origina-se por intermédio de um contrato, constituído basicamente pelo regulamento do plano de benefício adquirido. Trata-se de contrato bilateral ou plurilateral, por imputar obrigações para duas ou mais pessoas (participante, entidade fechada, e, eventualmente, a patrocinadora), sinalagmático (de prestações correlatas), consensual (o acordo volitivo é suficiente para sua constituição), oneroso (ao participante ou a empresa, ou a ambos, dependendo do estipulado, incumbe contribuir para o plano, enquanto que à entidade cabe gerir o ativo e efetuar o pagamento dos benefícios quando da superveniência dos eventos previstos), comutativo (ocorrência do evento é certa ou privada, como o pagamento dos benefícios, sendo a gestão do ativo certa) e de duração (o adimplemento perdura no tempo).

Resulta manifesta, portanto, a natureza contratual do vínculo de previdência privada fechada. Trata-se, todavia, de relação contratual complexa, tanto em seu aspecto subjetivo quanto na sua feição objetiva.

Subjetivamente, a complexidade decorre da participação de pelo menos três sujeitos na relação: a entidade de previdência fechada, que institui o plano sob a chancela estatal; o patrocinador ou instituidor, que adere ao plano; e o participante para o qual o plano é oferecido.

Já a complexidade objetiva reside no fato de que o contrato de previdência privada fechada aperfeiçoa-se a partir de pelo menos duas declarações de vontade independentes e complementares: uma referente à adesão do patrocinador ou instituidor ao plano de benefícios, mediante convênio específico; e a outra concernente à formalização do pacto entre o participante e o regime previdenciário privado posto à sua disposição.

Para melhor compreensão da relação jurídica negocial em estudo, seu processo complexo de formação, suas especificidades e correspondente desenvolvimento será abordado melhor no tópico que segue.

2.2. Formação e desenvolvimento do contrato de previdência privada fechada

Reconhecida a natureza contratual da relação jurídica de previdência privada fechada, oportuno incursionar na sua estrutura de formação e desenvolvimento. Optou-se, contudo, pela análise apartada desses dois momentos do vínculo previdenciário, sendo estudada primeiro a formação e, na sequência, o desenvolvimento contratual.

2.2.1. Formação do vínculo contratual

A formação do negócio jurídico contratual de previdência privada fechada não se aperfeiçoa do mesmo modo que a maioria dos negócios jurídicos. Nestes, o estabelecimento do contrato depende unicamente de dois momentos sucessivos: a oferta de uma das partes e a aceitação da outra. Aceita a oferta, o contrato restará fundado, ficando potencialmente passível de produzir efeitos, sobremodo entre aqueles que o pactuaram.

No contrato de previdência privada fechada, o aperfeiçoamento do negócio não se faz de modo tão simples. Na verdade, pode-se destacar a presença de dois momentos independentes na formação da relação jurídica, porém complementares e indispensáveis ao vínculo.

Cazetta (2006, p. 44) evidencia como ocorre o processo de formação de desenvolvimento da relação jurídica previdenciária fechada:

> Essa relação jurídica (e o regime de sua execução) resulta da ocorrência sucessiva de eventos que, embora conexos, expressam manifestações autônomas de vontade.

O primeiro deles corresponde à instituição da entidade de previdência e dos planos de benefícios que ela irá operar ou, no caso de existência prévia da entidade — quando já instituída por outro patrocinador —, à adesão, pelo patrocinador, a regime jurídico previdenciário de natureza complementar já em execução.

O segundo se consubstancia na adesão, por interessado, a plano de benefícios instituído no momento de criação da entidade ou disponível a partir da assunção, pela patrocinadora, da relação de patrocínio.

O terceiro evento corresponde ao regime de cumprimento pelas partes (patrocinador, participante e entidade) de suas respectivas obrigações, de acordo com critérios que, durante toda a execução do contrato, expressam (ou se destinem a assegurar) a correspondência entre os benefícios contratados e os recursos arrecadados e por arrecadar para o pagamento desses mesmos benefícios.

O quarto evento diz respeito à execução dos planos perante aqueles que já adquiriram direito ao gozo dos benefícios.

Os dois primeiros eventos correspondem ao que se pode denominar período de formação da relação jurídica. Os outros dois, à fase de execução do contrato de previdência privada fechada.

Interessam, em princípio, os dois eventos assinalados pelo autor como necessários à formação da relação jurídica de previdência privada fechada: a criação do plano de benefícios pela entidade de previdência fechada e adesão pelo patrocinador; bem como a vinculação do participante interessado ao regime previdenciário privado.

Conforme já estudado no capítulo anterior[27], incumbe às Entidades Fechadas de Previdência Privada a criação dos planos de benefícios que irão oferecer, concebidos sob regulação do Conselho Nacional de Previdência Complementar (CNPC) e fiscalização da Superintendência Nacional de Previdência Complementar (PREVIC).

Criado o plano, o mesmo é ofertado para a adesão do patrocinador ou instituidor, que pode ou não ser aquele responsável pela constituição da entidade. Com efeito, dispõe o art. 13 da Lei Complementar n. 109, de 2001 que:

> A formalização da condição de patrocinador ou instituidor de um plano de benefício dar-se-á mediante convênio de adesão a ser celebrado entre o patrocinador ou instituidor e a entidade

---

(27) *Vide* item 1.2.3.1.3 *retro*.

fechada, em relação a cada plano de benefícios por esta, administrado e executado, mediante prévia autorização do órgão regulador e fiscalizador, conforme regulamentação do Poder Executivo.

Interpretando aludida previsão, salienta Correia (2004, p. 180-181) que:

> A relação jurídica entre patrocinador, instituidor e Entidade Fechada, com a vinculação dos primeiros a um determinado plano de benefício a ser gerido pela segunda, consubstancia-se com a realização de um contrato, denominado "convênio de adesão", no qual pactuam as partes suas obrigações e direitos relacionados à administração e execução desse plano.

Nota-se, pois, que o primeiro momento para a formação da relação jurídica de previdência privada fechada não envolve o participante. Trata-se de vínculo inicialmente estruturado entre o patrocinador ou instituidor e a Entidade Fechada. Para cada plano de benefício a ser gerido pela entidade, desafia-se a assinatura de um convênio de adesão específico. Somente depois de celebrado dito convênio é que o patrocinador ou instituidor encontra-se apto a oferecer para os seus empregados ou associados vinculação ao plano de benefícios respectivo.

O convênio de adesão nada mais é do que o instrumento por meio do qual as partes envolvidas (patrocinador ou instituidor e entidade fechada) pactuam os direitos e obrigações para a execução de um determinado plano de benefícios[28], sendo certo que para cada plano deve-se firmar um convênio próprio, o que, no entender de Correia (2004, p. 181), reafirma "[...] a separação e independência que deve existir entre essas entidades, não obstante se reconheça que a própria criação da entidade fechada possa ter origem numa iniciativa do futuro patrocinador ou instituidor de seus planos de benefícios". Acerca da importância do convênio de adesão, preleciona Balera (2005, p. 100) que:

> O Convênio de Adesão, muito embora não se caracterize propriamente como adesão, é de suma importância para o regular andamento da relação jurídica que se estabelece entre o patrocinador/instituidor e a entidade fechada, especialmente em razão do fato de que nele estão estabelecidas as regras acerca do repasse pontual das contribuições destinadas ao custeio do plano de benefícios, e os efeitos do descumprimento de tal obrigação, cuja responsabilidade é direta dos pactuantes, posto que, pode gerar inclusive a intervenção na entidade.

---

(28) *Vide* art. 61, §§ 1º e 2º, do Decreto n. 4.042, de 2003.

Ressalte-se que, de acordo com o art. 34, inciso II, alínea "b", da Lei Complementar n. 109, de 2001, as entidades podem ser multipatrocinadas, sempre que houver mais de um patrocinador ou instituidor. Em tais casos, o art. 13, § 1º, da mesma Lei prevê a possibilidade de o convênio de adesão estabelecer a solidariedade entre os patrocinadores ou entre os instituidores, com relação aos respectivos planos.

Como cediço, a solidariedade advém da lei ou do contrato. No caso, a Lei Complementar n. 109, de 2001, consagra explicitamente o convênio de adesão como a única fonte da solidariedade entre os patrocinadores ou instituidores nas entidades multipatrocinadas.

Firmado o convênio de adesão entre o patrocinador ou instituidor e a entidade de previdência fechada, os primeiros estão autorizados a oferecer o plano constante do convênio aos seus empregados ou associados.

O art. 16 da Lei Complementar n. 109, de 2001, impõe a obrigatoriedade de oferta dos planos de benefícios a todos os empregados dos patrocinadores ou associados dos instituidores. Existe, portanto, certa universalidade na oferta do plano, embora a adesão pelos participantes seja facultativa.

Por óbvio que a universalidade acima citada não é tão ampla como aquela presente na Previdência Pública oficial, já que restrita aos empregados do patrocinador ou associados do instituidor. Porém, entre tais destinatários não pode existir por parte do empregador ou entidade associativa qualquer restrição de oferta, sob pena de manifesta ilegalidade.

Excepciona-se de tal universalidade apenas os planos em extinção, cuja adesão de novos participantes afigura-se vedada, consoante disposto no § 3º, do art. 16 da Lei Complementar n. 109, de 2001.

Seguindo-se à oferta do plano de benefícios, identifica-se o segundo momento da formação do vínculo previdenciário privado fechado, pautado na adesão facultativa dos empregados ou associados ao plano oferecido.

A facultatividade de adesão dos participantes ao plano de benefícios de previdência privada encontra guarida no próprio texto da Constituição de 1988, mais precisamente no *caput* do art. 202 constitucional, cujo teor afasta literalmente qualquer caráter de obrigatoriedade do regime. Por sua vez, o art. 16, § 2º, da Complementar n. 109, de 2001, igualmente prevê a facultatividade de adesão aos planos.

Para Cazetta (2006), a adesão dos participantes ao plano de benefícios pressupõe dois momentos distintos: um consubstanciado na prestação de informações claras e compreensíveis acerca do conteúdo do instrumento; e outro pautado na efetiva constituição formal da relação. Na expressão do autor (2006, p. 65):

> Resultando necessariamente do cumprimento de procedimentos formais previstos em lei, a assunção da qualidade de participante de entidade fechada de previdência complementar, compreende, para a perfeita regularidade da relação jurídica que dela se origina, duas fases bastante características. Uma, preliminar, correspondente ao fornecimento e à elucidação, ao interessado, do conteúdo jurídico e técnico dos instrumentos que conformam o regime que poderá vir a ser contratado; e outra, posterior, pertinente à constituição formal da relação jurídica, mediante a manifestação expressa da vontade de aderir a específico plano de benefícios da entidade previdenciária.

A fase preliminar de que trata Cazetta (2006) comporta, na verdade, o implemento do comando geral inserido no art. 3º, inciso IV, da Lei Complementar n. 109, de 2001, que assegura aos participantes acesso às informações relativas aos planos, envolvendo não só a gestão, mas igualmente as cláusulas a que se submeterão a partir da formalização do ato de adesão.

Formalizada a adesão, será emitido um certificado em favor do participante, no qual "[...] estarão indicados os requisitos que regulam a admissão e a manutenção da qualidade de participante, bem como os requisitos de elegibilidade e forma de cálculo dos benefícios", conforme art. 10, § 1º, inciso I, da Lei Complementar n. 109, de 2001. O mesmo artigo de lei impõe no seu inciso II que seja entregue "cópia do regulamento atualizado do plano de benefícios e material explicativo que descreva, em linguagem simples e precisa, as características do plano".

Em resumo, tem-se que o processo de formação da relação jurídica de previdência privada fechada abrange dois momentos bem definidos. O primeiro inicia-se com a criação do plano de benefícios, sob a chancela do Estado, por meio dos órgãos de regulação e controle respectivos, seguindo-se pela celebração de convênio de adesão entre o patrocinador ou instituidor em relação a cada plano ofertado. O segundo, implementa-se na oferta obrigatória do plano a todos os empregados do patrocinador ou associados do instituidor, com a prestação de informações quanto à sua consecução, consumando-se com a adesão voluntária do participante ao plano, para o qual será emitindo um certificado atestando sua anuência.

Percebe-se, com isso, a presença de duas declarações de vontade distintas, cada qual produzindo efeitos próprios, mas que só em conjunto terão o condão de criar o negócio jurídico previdenciário. Isso porque a adesão do patrocinador ou instituidor à entidade somente lhe confere a oportunidade de oferecer o plano a todos os empregados ou associados. Apenas com a aceitação da proposta pelo participante é que a relação previdenciária se consolida. Daí dizer-se que o vínculo previdenciário privado fechado constitui relação jurídica complexa.

2.2.2. Desenvolvimento do contrato de previdência privada fechada

O desenvolvimento do contrato de previdência privada fechada passa por dois momentos distintos. O primeiro deles diz respeito ao custeio do plano, ou seja, a formação das reservas necessárias ao implemento dos benefícios contratados. O segundo momento envolve a efetiva concessão dos benefícios aos destinatários.

2.2.2.1. Custeio dos planos de benefícios contratados e administração das reservas

De antemão, oportuno frisar que o regime fechado de previdência insere-se no Título VIII, Capítulo II, da Constituição Federal de 1988, admitindo aplicação do princípio geral trazido pelo art. 195, § 5º, do texto constitucional, que consubstancia a denominada precedência de custeio. Assim, pressupõe-se que nenhum plano de previdência privada possa ser criado sem que haja a previsão da correspondente fonte de custeio.

Tal fonte de custeio, todavia, dependerá da modalidade de plano de benefícios pactuado. O regime de previdência privada admite três espécies de planos: o plano de benefício definido, o plano de contribuição definida e o plano de contribuição variável.

Os planos de benefício definido foram os primeiros a serem postos em prática dentro do processo de evolução do regime privado de previdência. Segundo Cassa (2009, p. 155), tais planos se caracterizam

> [...] por serem aqueles em que o valor do benefício é determinado no momento da contratação. A partir dessa premissa, o valor da contribuição é calculado atuarialmente (através de procedimentos matemáticos que utilizam variáveis probabilísticas combinadas com variáveis financeiras), observadas as bases técnicas definidas pelo órgão regulador.

Destarte, nos planos de benefício definido, o contratante já tem conhecimento, no momento em que se vincula ao regime, de qual é o valor do benefício que irá receber no futuro, ao preencher os requisitos respectivos, cabendo, pois, adaptar as contribuições durante o tempo de formação das reservas, a fim de assegurar o adequado cumprimento da obrigação pactuada.

Ocorre, no entanto, que a referida modalidade de plano, apesar de gerar uma potencial segurança para o beneficiário, ao menos quanto ao valor dos benefícios contratados, confere significativa responsabilidade para a entidade previdenciária, já que sobre esta recai a incumbência de gerenciar as contribuições com vistas a sustentar o equilíbrio do plano. Explica Moreau (2011, p. 67) que:

> O patrimônio acumulado com as contribuições dos patrocinadores e dos participantes não está individualizado, mas integra um fundo de natureza mutualista para o enfrentamento dos riscos (riscos compartilhados), em que o valor do benefício é uma variável independente, previamente estabelecido no regulamento do plano, e a contribuição, uma variável dependente, que fica em aberto, sendo determinada anualmente pelo plano de custeio, de forma suficiente para financiar os benefícios futuros.

Assim, no custeio do plano de benefícios definidos, as contribuições são vertidas em função da mantença das condições originariamente pactuadas quanto ao montante do benefício contratado, já que é a solidariedade dos contribuintes, sob o gerenciamento da entidade previdenciária, que irá permitir a sustentabilidade do projeto, com o enfrentamento dos riscos que podem ocorrer entre a data contratação e a da concessão da benesse.

Por ser uma modalidade de plano que exige a observância contínua de metas atuariais e cujo equilíbrio pode ficar fragilizado frente aos riscos inerentes a toda e qualquer relação jurídica continuada de longa duração, o plano de benefícios definidos foi posto em relativo desuso, sendo inclusive vedado por lei, para as entidades fechadas constituídas por instituidores, conforme art. 31, § 2º, inciso II, da Lei Complementar n. 109, de 2001.

Outra modalidade de plano que pode ser oferecido pelas entidades de previdência privada é o de contribuição definida. Ao contrário do plano de benefícios definidos, o plano de contribuição definida não garante ao contratante o valor do benefício futuro. O que se determina no ato de contratação é o valor da contribuição.

Com isso, o contratante não conhece o montante do benefício, mas tão somente o numerário que irá despender para o custeio do plano. A benesse será calculada a partir do montante acumulado, decorrente do aporte de contribuições e dos rendimentos obtidos com os investimentos realizados pela entidade previdenciária. Cassa (2009, p. 159) esclarece que, no plano de contribuição definida:

> O valor do benefício decorre diretamente do montante acumulado pelas contribuições aportadas e pela rentabilidade obtida durante o período de diferimento. Não se pode tecnicamente falar em déficit nem tampouco em superávit, mas apenas em "saldo de conta" (maior ou menor).

Ao término do período de diferimento, a entidade calcula o valor do benefício e retira a importância das provisões matemáticas de benefícios a conceder, transferindo-o, se o benefício tiver a forma de renda (pagamento periódico), para a provisão matemática de benefícios concedidos. Se, no entanto, o benefício se revestir da forma de pagamento único, a entidade se limitará a entregar o montante ao participante como compensação final de sua inscrição no plano.

Percebe-se que o plano de contribuição definida não é um contrato de resultado, pois não se assegura o montante do benefício contratado. Estabelece, na verdade, uma projeção do que poderá ser obtido, oferecendo um meio para o seu implemento.

Contudo, o fato de o plano de contribuição definida não garantir o valor do benefício não implica dizer que este será calculado arbitrariamente, pois, de acordo com Correia (2004, p. 164), "dos regulamentos dos planos deve constar a fórmula pela qual o valor final do benefício será calculado", a qual depende de "variáveis econômico-financeiras e índices de atualização", tudo com vistas a permitir que a projeção inicial do benefício seja razoavelmente observada.

Finalmente, têm-se os planos de contribuição variável, que se caracterizam, segundo Cassa (2009, p. 160), "[...] por não pressuporem regularidade no valor das contribuições, nem periodicidade definida, de modo que o participante efetua os aportes de acordo com sua conveniência".

Como o próprio nome sugere, o plano de contribuição variável é marcado pela liberdade do contribuinte em definir tanto o valor que pretende verter para a constituição das reservas como também a periodicidade dos aportes.

Obviamente que o valor do benefício será diretamente proporcional ao montante vertido. Quanto maior o valor da contribuição e mais frequente for o seu aporte, mais elevado será o montante da benesse.

Nesse particular, cabe uma observação importante. Isso porque, nos planos de benefícios definidos, a contribuição também é variável, já que calculada periodicamente dentro do programa de custeio, com vistas a assegurar o valor do benefício.

Ocorre que a variação das contribuições do plano de benefícios definidos está vinculada a uma finalidade específica, qual seja: manter o valor do benefício contratado. Já no plano de contribuição variável, os valores contributivos irão variar de acordo com a conveniência do contratante. Neste último, portanto, será a liberdade do contratante que irá determinar o valor da contribuição, e não a necessidade de manutenção do montante de um benefício futuro.

Trata-se, na verdade, de modalidade residual, obtida por exclusão entre os planos de benefícios definidos e os de contribuição definida, como ensina Correia (2004, p. 165):

> Para nós, um conceito aproximativo de planos de contribuição variável pode ser obtido por exclusão. Com efeito, um plano de contribuição variável não pode, por óbvio, ter contribuições definidas, eis que, aqui, o oposto de "variável" não é "fixo", mas "definido". Também não pode ter benefícios definidos, dado que, se assim fosse, nada haveria de diferente entre os planos de contribuição variável e os planos de benefício definido. Desse modo, os planos de contribuição variável são aqueles que não têm nem benefício nem contribuições definidas.

Ocorrendo o evento gerador do benefício, o valor deste será calculado com base nos fundos acumulados, levando em conta as contribuições vertidas e as capitalizações estatuídas no contrato.

Independentemente do plano de benefícios que o regime privado de previdência irá assumir (benefício definido, contribuição definida ou contribuição variável), o mesmo deverá ser pautado num determinado regime financeiro, que pode assumir duas modalidades: regime de repartição (simples ou de capital de cobertura); ou regime de capitalização.

O regime financeiro de repartição, em regra utilizado pela Previdência Pública oficial, é baseado na ideia de repasse de receita da população ativa para os inativos. Explana Correia (2004, p. 234) que:

> No regime de repartição simples ou de bases correntes, por sua vez, o benefício da aposentadoria é custeado pela transferência de renda da população economicamente ativa e inativa. Neste regime, a solidariedade é significativa, tendo em vista que as contribuições pagas não são revertidas em sua totalidade, ou, necessariamente, para os contribuintes, sendo parte utilizada para prover a aposentadoria da população de baixa renda, cujo valor das contribuições vertidas não corresponde ao valor dos benefícios recebidos. Trata-se de regime pautado em uma base piramidal, onde os contribuintes formam a base e os assistidos o ápice para que não se crie um descompasso entre a oferta de contribuições e a demanda para pagamento de benefícios.

Prevalece no regime de repartição um anseio de distributividade, fortemente marcado pela denominada solidariedade intergerações, na qual as contribuições dos ativos asseguram os benefícios dos inativos.

Diferenciam-se, no entanto, o regime de repartição simples e o que repartição de capital de cobertura. Segundo Weintraub (2005, p. 51), "no regime de repartição de capital de cobertura, os pagamentos efetuados por todos os participantes são empregados na constituição de um fundo necessário para os pagamentos das obrigações futuras relativas a contingências ou eventos não programados".

Já na repartição simples não há essa preocupação, de modo que a lógica reinante é a de transferência de renda, quando da ocorrência de eventos imprevisíveis. Assim, ocorrendo, por exemplo, no Regime Geral de Previdência Social, um evento que leve a incapacidade permanente para o trabalho de um determinado segurado, serão os trabalhadores ativos que irão suportar, com as suas contribuições, o pagamento do benefício para o incapacitado.

O regime financeiro de capitalização, por outro lado, não se alicerça da solidariedade intergeracional, mas sim na efetiva constituição das reservas necessárias à garantia de pagamento dos benefícios contratados. Sobre o tema, aclara Pulino (2011, p. 290):

> No regime de capitalização, os próprios contribuintes gerarão, na atividade, o montante necessário para financiar as prestações em sua inatividade (não havendo aqui o conhecido "pacto de gerações'", que é inerente ao sistema público, baseado na repartição simples e fundado na solidariedade de toda a sociedade).

A capitalização impõe, portanto, duas fases bastante distintas no sistema: uma de acumulação (período contributivo) e outra de fruição (período concessivo). Nesse regime, quando se inicia a fase de concessão (ou seja, antes de se começar a série de pagamentos das parcelas previstas a título de benefício), a reserva deverá estar constituída, daí porque tal regime é também chamado de "regime de pré-pagamento" ou "pré--financiamento".

Com efeito, no regime financeiro de capitalização, será a constituição de reservas decorrentes dos aportes realizados pelos próprios segurados que irá formar o fundo de custeio de seus benefícios, resultando da apuração do respectivo montante.

A previdência privada optou precipuamente pelo regime de capitalização, na medida em que o *caput* do art. 202 constitucional dispõe expressamente que o regime será "baseado na constituição de reservas que garantam o benefício contratado", pressupondo que será o conjunto acumulado de contribuições é que irá ser revertido em favor do segurado contribuinte.

Por sua vez, o art. 18 da Lei Complementar n. 109, de 2001, após dizer que o plano de custeio deverá definir o nível de contribuição necessária à constituição das reservas garantidoras de benefícios, assinala, em seu § 1º, que: "o regime financeiro de capitalização é obrigatório para os benefícios de pagamento em prestações que sejam programadas e continuadas". Interpretando tal dispositivo, adverte Pulino (2011, p. 290) que

> pela lei, pois, a capitalização é imposta apenas, a rigor, para as aposentadorias programadas (que são as que levam em conta o fator tempo, via de regra, a idade do participante e o tempo de contribuição ou de vinculação ao plano), mas não para os chamados benefícios de risco (invalidez, morte, incapacidade parcial etc.).

Assim, ao menos em princípio, para aos benefícios cujo pagamento não fosse feito em prestações programadas e continuadas, poder-se-ia adotar, mesmo nos planos de previdência privada, regime financeiro de repartição, embora esta não seja a regra estabelecida dos regulamentos dos aludidos planos.

Outro aspecto importante que deve ser levado em conta do regime financeiro de capitalização consiste na atividade instrumental conferida à entidade de previdência, no sentido de gerir a aplicação dos recursos vertidos, produzindo rentabilidade capaz de incrementar o capital. Nesse sentido, destaca Pulino (2011, p. 292):

É que a obrigatoriedade de constituição prévia de reservas garantidoras dos benefícios contratados conduz, evidentemente, à necessidade de aplicação dos recursos captados, a fim de incrementar o capital em constituição. É por isso que a previdência complementar, pelo próprio regime financeiro que lhe é inerente, torna forçado o curso de grande volume de aplicações nos mercados financeiro, de capitais e mesmo no imobiliário, incrementando-os e gerando a tão apregoada poupança interna (a fornecer, presumidamente, recursos para o aquecimento da economia e, por reflexo, ao desenvolvimento nacional).

Assim, a atividade instrumental de aplicação, de investimento dos recursos dos planos de benefícios é tarefa indissociável ao papel das entidades de previdência complementar de administração de planos de benefícios correspondentes.

Não seria racional, portanto, que os recursos vertidos pelos contribuintes ao fundo de custeio nele ficassem inertes por longo período, sem que a entidade de previdência pudesse, de maneira racional e controlada, aplicá-los em investimentos rentáveis em prol dos beneficiários.

Assim, poderão as entidades de previdência investir os ativos de seus planos segundo uma política preestabelecida, distribuindo-os, por exemplo, em fundos de renda fixa, renda variável, imóveis, entre outros, sempre sob a chancela dos órgãos de regulação e fiscalização.

Nessa atividade instrumental da entidade de previdência (especialmente a fechada), ao gerir os fundos de reservas, dois aspectos devem ser destacados. Em primeiro lugar, apesar de não se poder ignorar o viés econômico-financeiro das aplicações feitas pela entidade, resta inequívoco que tais investimentos dedicam-se ao propósito de garantir sustentabilidade ao próprio plano contratado.

Com efeito, os investimentos efetivados, sobremodo pelas entidades fechadas (que por força do art. 31, § 1º, da Lei Complementar n. 109, de 2001, não terão fins lucrativos), objetivam preservar o plano de benefícios, nos limites em que o mesmo fora pactuado, segundo previamente estabelecido no respectivo regulamento. Justamente por isso não se pode colocar as entidades de previdência fechada no mesmo patamar das instituições financeiras.

Em segundo lugar, tem-se que os investimentos devem ser cuidadosamente controlados, não somente pelos órgãos regulador e fiscalizador, conforme os padrões mínimos por eles fixados, a teor do art. 7º da Lei Complementar n. 109, de 2001, mas também pelos próprios participantes, assegurando-se-lhes o "[...] pleno acesso às informações relativas à gestão de seus respectivos planos", conforme art. 202, § 1º, da Constituição Federal.

A entidade de previdência privada, na qualidade de administradora de recursos de terceiros, não pode olvidar seu objetivo principal, que é o de assegurar o pagamento dos benefícios contratados com os recursos acumulados. Assim, os investimentos devem ser permanentemente supervisionados e os riscos devidamente geridos, evitando, com isso, um prejuízo em massa que tornaria temerária a viabilidade do regime.

À guisa de arremate, não se pode deixar de informar que as contribuições destinadas ao custeio dos planos de benefícios oferecidos por entidades fechadas de previdência privada são provenientes de aportes realizados tanto pelo patrocinador ou instituidor como pelo participante.

Para as entidades fechadas de previdência privada, instituídas por empregadores que não integram a Administração Pública, as contribuições poderão ser compartilhadas entre patrocinadores ou instituidores e participantes, na proporção definida pelo regulamento do plano, ou, ainda, serem arcadas exclusivamente pelo patrocinador ou instituidor.

Por outro lado, se o patrocinador for ente que integra a Administração Pública, o aporte de contribuições por ele realizado não poderá superar aquele vertido pelo participante, conforme expressa vedação trazida pelo art. 202, § 3º, da Constituição Federal.

Em síntese: os planos patrocinados por empresas ou grupo de empresas que não integram a Administração Pública podem ser custeados exclusivamente pelos respectivos patrocinadores ou de modo compartilhado. Já aqueles oferecidos aos trabalhadores vinculados a entes da Administração Pública (direta ou indireta) terão seu custeio necessariamente repartido entre patrocinador e participante, não podendo o valor das contribuições do primeiro superar o montante daquelas vertidas pelo segundo.

2.2.2.2. EXECUÇÃO DOS BENEFÍCIOS OFERTADOS

Como todo e qualquer seguro previdenciário, o regime fechado de previdência privada tem como finalidade a concessão de benefícios aos participantes ou assistidos.

Póvoas (2007, p. 387) define benefício como "[...] a contraprestação da entidade, isto é, a importância ou importâncias que a entidade paga ao participante ou aos seus beneficiários, uma vez verificado o evento especificado no contrato previdenciário".

Saliente-se que os benefícios oferecidos constarão expressamente do regulamento do plano, cuja elaboração passa pelo crivo do órgão fiscalizador, de sorte que o contratante já deve saber quais benesses lhe serão acessíveis e quais os requisitos exigidos para o seu respectivo implemento.

Por ordem do art. 6º da Lei Complementar n. 109, de 2001, "as entidades de previdência complementar somente poderão instituir e operar planos de benefícios para os quais tenham autorização específica, segundo as normas aprovadas pelo órgão regulador e fiscalizador [...]". Portanto, na confecção do regulamento, a entidade já discrimina quais os benefícios que irá oferecer, recebendo do Estado autorização específica para operá-los.

Diversas são as modalidades de benefícios que poderão ser ofertadas nos planos de previdência privada fechada. Os mais comuns são o pecúlio, a aposentadoria por invalidez, a pensão por morte, o auxílio-doença e o auxílio-funeral, sem prejuízo de outros que podem ser contratados segundo a estruturação do regulamento, inclusive benefícios de risco.

De acordo com Cassa (2009, p. 164-166), entende-se por pecúlio "um capital acumulado que o beneficiário recebe de uma só vez por conta da morte do participante de plano de previdência". Já a aposentadoria por invalidez é o "benefício pago ao participante em caso de invalidez que o incapacite temporária ou definitivamente para o exercício habitual de suas funções". A pensão por morte, como o próprio nome sugere, seria o "valor pago durante o período contratado ao beneficiário do participante no caso de sua morte". O auxílio-doença é o "benefício pago ao participante que ficar temporariamente incapacitado para o trabalho ou tiver sua capacidade de trabalho reduzida". Finalmente, o auxílio-funeral "trata-se de um valor pago aos dependentes para arcar com as despesas referentes ao funeral do participante".

Os benefícios acima apresentados por Cassa (2009) constituem rol meramente exemplificativo, nada impedindo que o regulamento do plano, mediante autorização estatal, crie outras espécies de benefícios a serem operados pela entidade fechada de previdência privada.

Resta imprescindível, todavia, que os benefícios oferecidos pelas entidades fechadas possuam natureza previdenciária, tal como disposto no art. 32 da Lei Complementar n. 109, de 2001, sendo vedadas quaisquer prestações ou serviços que não estejam no âmbito de seu objeto, conforme parágrafo único do mesmo artigo de lei. Interpretando citado dispositivo legal, preleciona Correia (2004, p. 286):

> A intenção do legislador foi conferir às entidades fechadas apenas a operação de benefícios previdenciários de natureza complementar, impossibilitando--as de empreender qualquer outra atividade. Sendo assim, o objetivo dessas entidades está relacionado com a concessão e a manutenção de benefícios previdenciários, não podendo conceder serviços ou prestações em espécie.

Excepciona-se da regra trazida pelo art. 32 supra os serviços assistenciais à saúde prestados pelas entidades fechadas até a data de publicação da Lei Complementar n. 109, de 2001, haja vista o disposto no seu art. 76, para os quais será estabelecido custeio específico.

Acertada a posição do legislador ao excluir das entidades fechadas a execução de benefícios ou serviços que não possuam caráter previdenciário, sob pena de desvirtuamento de sua real finalidade. Nada obstante, os negócios jurídicos já firmados em momento anterior à vigência da Lei Complementar n. 109, de 2001, não poderiam ser afetados pela sua edição, daí o permissivo trazido pelo art. 76 para que as entidades que já se dedicavam à administração de programas assistenciais à saúde continuassem com sua atuação, porém fazendo uso de custeio específico e apartado daquele vertido para os benefícios previdenciários.

Independentemente dos benefícios que o regulamento venha a oferecer, é certo que todos, justamente em virtude dessa índole previdenciária, estão pautados na ideia de risco, à exceção daqueles previstos no art. 76 da Lei Complementar n. 109, de 2001[29]. O regime previdenciário, seja ele público ou privado, encontra-se especialmente dedicado à proteção contra riscos sociais, sobremodo aqueles decorrentes da morte ou da incapacidade. Sobre o tema, ensina Correia (2004, p. 285):

> O objeto da relação jurídica previdenciária caracteriza-se pela proteção contra riscos sociais, sejam eles riscos futuros ou encargos. Os riscos futuros são entendidos como contingências como a velhice e a morte. Estes fatos da vida merecem proteção previdenciária, pois a sua ocorrência provoca privações de ordem econômica para os idosos, que não gozam da força de trabalho que

---

(29) Dispõe o art. 76 da Lei Complementar n. 109, de 2001, que: "As entidades fechadas que, na data da publicação desta Lei Complementar, prestarem a seus participantes e assistidos serviços assistenciais à saúde poderão continuar a fazê-lo, desde que seja estabelecido um custeio específico para os planos assistenciais e que a sua contabilização e o seu patrimônio sejam mantidos em separado em relação ao plano previdenciário".

tinham antes, e para os dependentes, que perdem com o falecimento do segurado a sua fonte de subsistência. Além dos riscos sociais podem ocorrer encargos como no caso de nascimento de filho, período em que os meios normais de subsistência do indivíduo sofrem um decréscimo.

Os planos de benefícios da previdência complementar também oferecem cobertura de riscos sociais. No caso das entidades fechadas de previdência complementar, essa cobertura se dá por meio de planos de benefícios previamente autorizados, em geral sob a forma de prestações pecuniárias.

A particularidade das entidades fechadas de previdência habita na limitação subjetiva e objetiva dos benefícios, já que estes somente podem ser concedidos aos participantes ou seus beneficiários e nos termos como previstos no regulamento respectivo.

Entretanto, todos os benefícios estão ligados a um evento gerador (risco), cuja verificação autoriza o seu pagamento. Tal risco deve estar expressamente descrito na proposta e no regulamento do plano. Nesse sentido, assinala Póvoas (2007, p. 381):

> Nos contratos previdenciários, a exigência da descrição do risco, objetiva conhecer as circunstâncias que podem implicar na sua materialização. O risco é uma palavra de múltiplos significados; no domínio da previdência privada, ele tomará tantas formas quantas às modalidades de contratos em que se traduza a respectiva operacionalidade, isto é, terá tantas formas quanto às coberturas dos riscos sociais.

É bom deixar claro que o risco compreende a possibilidade de ocorrência de um evento em concreto, capaz de afetar, de algum modo, a mantença das condições normais de vida do segurado ou do seu beneficiário. Nada impede que os riscos cobertos pelo contrato privado de previdência sejam iguais ou assemelhados àqueles garantidos pela Previdência Pública oficial, o que sói acontecer atualmente.

Entretanto, não se deve afirmar que os benefícios dispostos no regime privado são necessariamente complementares àqueles ofertados pelo regime público. Tal complementaridade é inverídica, porque pressupõe que os segurados da Previdência Privada sejam igualmente vinculados à Previdência Pública, já que o complemento por um regime (privado) não poderia existir sem a presença do regime (público) a ser complementado.

Acontece que o art. 68, § 2º, da Lei Complementar n. 109, de 2001, é inequívoco ao dispor que a concessão de benefícios da previdência privada não depende da concessão dos benefícios do regime geral, mostrando a independência dos regimes (privado e público).

2.2.3. Institutos peculiares do contrato de previdência privada

Dispõe o art. 14 da Lei Complementar n. 109, de 2001, que:

Os planos de benefícios deverão prever os seguintes institutos, observadas as normas estabelecidas pelo órgão regulador e fiscalizador:

I — benefício proporcional diferido, em razão da cessação do vínculo empregatício com o patrocinador ou associativo com o instituidor antes da aquisição do direito ao benefício pleno, a ser concedido quando cumpridos os requisitos de elegibilidade;

II — portabilidade do direito acumulado pelo participante para outro plano;

III — resgate da totalidade das contribuições vertidas ao plano pelo participante, descontadas as parcelas do custeio administrativo, na forma regulamentada; e

IV — faculdade de o participante manter o valor de sua contribuição e a do patrocinador, no caso de perda parcial ou total da remuneração recebida, para assegurar a percepção dos benefícios nos níveis correspondentes àquela remuneração ou em outros definidos em normas regulamentares.

Os institutos previstos nos incisos do artigo legal acima transcrito (benefício proporcional diferido, portabilidade, resgate das contribuições vertidas e autopatrocínio, respectivamente) compreendem um conjunto de peculiaridades consideravelmente importantes na sistemática de funcionamento dos contratos de previdência privada.

Necessário, pois, o enfrentamento teórico de cada um dos aludidos institutos, sem, contudo, nutrir a abordagem de qualquer pretensão de esgotamento, haja vista não ser esta a finalidade do presente trabalho.

O primeiro dos institutos trazidos pelo art. 14 da Lei Complementar n. 109, de 2001, mais precisamente no seu inciso I, é o denominado benefício proporcional diferido, que reveste o participante ou associado (ou ainda o beneficiário por eles indicados) do direito de receber a benesse contratada, ainda que cessado o vínculo de emprego com o patrocinador ou associativo com o instituidor, antes do implemento dos requisitos necessários à sua concessão integral.

Sabe-se que o vínculo previdenciário destina-se a cobertura de riscos. Acontece que o benefício correspondente ao risco tutelado depende da consecução de condições previamente descritas no regulamento do plano, mormente se considerarmos a necessidade de capital suficiente para o pagamento da benesse contratada, sem colocar em perigo o equilíbrio do pactuado.

Por outro lado, o regime fechado de previdência privada somente é acessível aos empregados de determinado patrocinador ou associados de certo instituidor, de modo que a extinção do vínculo mantido entre tais sujeitos culminaria numa problemática impossível de ser ignorada pelo legislador, qual seja: a de como oferecer a possibilidade de o segurado manter o vínculo previdenciário sem a existência do vínculo empregatício ou associativo que lhe é subjacente.

Desse modo, extinto o pacto de emprego mantido com o patrocinador ou o associativo com o instituidor (*conditio sine qua non* do instituto), o segurado pode se valer da opção de receber o benefício contratado em valor proporcional às contribuições vertidas até então. A fruição da benesse, contudo, tenderá a não ser imediata. É que os demais requisitos estabelecidos pelo plano quanto ao benefício proporcional devem ser observados, mesmo em relação a um segurado que já não mantenha vínculo com o patrocinador ou instituidor. Explicando o funcionamento do instituto em exame, assinala Correia (2004, p. 187):

> Instaura-se, portanto, a seguinte situação: o participante, não obstante se desvincular do patrocinador ou instituidor e com isso interromper suas contribuições, permanece ligado ao plano, restando-lhe um direito condicional a usufruir futuramente (por isso o termo diferido) do benefício já fundado pelo patrocinador ou instituidor, em um valor proporcional no momento em que forem satisfeitas as demais condições de elegibilidade previstas no regulamento do plano.

Portanto, os numerários vertidos — tanto pelo participante como pelo patrocinador ou instituidor — ficam retidos, aguardando o implemento das demais condições para a concessão do benefício, conforme estipuladas em regulamento. Obtidas tais condições, o benefício será concedido, porém seu valor será calculado proporcionalmente ao montante de contribuições realizadas.

O instituto não é novo nem foi criado pelo legislador brasileiro de 2001. Na verdade, os fundos de pensão Americanos (*pension funds*) utilizam amplamente mecanismo similar, por eles intitulado de *vesting*. Segundo Balera (2005, p. 107), o *vesting* tem origem nos Estados Unidos da América

— EUA, onde a previdência básica é amplamente reforçada por benefícios privados.

Correia (2004, p. 187) registra que a expressão estrangeira *vesting*, bastante utilizada nos Estados Unidos da América, expressa significado de "vestir-se de um direito", isto é, o segurado mantém-se investido no direito de receber o benefício contratado no futuro, porém com valor diferido no tempo, levando-se em conta as contribuições vertidas até o momento de seu desligamento do patrocinador ou instituidor.

O segundo instituto trazido pelo art. 14 da Lei Complementar n. 109, de 2001, desta feita em seu inciso II, consubstancia-se na portabilidade, definida por Cassa (2009, p. 198) como a "[...] possibilidade que tem o participante de transferir os recursos financeiros correspondentes ao seu direito para outro plano de benefícios de caráter previdenciário operado por entidade aberta ou fechada".

Como o próprio nome sugere, a portabilidade confere ao segurado a prerrogativa de portar o direito por ele acumulado, transferindo-o para um plano administrado por outra entidade. O direito acumulado, por sua vez, nada mais é do que a expressão monetária das reservas, a depender da data de instituição do plano, conforme art. 15 da Resolução n. 6, de 2003 do Ministério da Previdência Social[30].

---

(30) "Art. 15. O direito acumulado pelo participante no plano de benefícios originário, para fins de portabilidade corresponde: I — nos planos instituídos até 29 de maio de 2001, ao valor previsto no regulamento para o caso de desligamento do plano de benefícios, conforme nota técnica atuarial, observado como mínimo o valor equivalente ao resgate, na forma definida no Capítulo III desta Resolução; II — nos planos instituídos a partir de 30 de maio de 2001: a) em plano cuja modelagem de acumulação do recurso garantidor do benefício pleno programado seja de benefício definido, às reservas constituídas pelo participante ou reserva matemática, o que lhe for mais favorável, na forma regulamentada e conforme nota técnica atuarial do plano de benefícios, assegurado no mínimo o valor do resgate nos termos desta Resolução; b) em plano cuja modelagem de acumulação do recurso garantidor do benefício pleno programado seja de contribuição definida, à reserva matemática constituída com base nas contribuições do participante e do patrocinador ou empregador. § 1º Em plano que, na fase de acumulação do recurso garantidor do benefício pleno programado, combine alternativamente características das alíneas 'a' e 'b' do inciso II deste artigo, a reserva matemática corresponderá ao maior valor que resultar da aplicação das regras previstas nas alíneas 'a' e 'b'. § 2º Em plano que, na fase de acumulação do recurso garantidor do benefício pleno programado, combine cumulativamente características das alíneas 'a' e 'b' do inciso II deste artigo, a reserva matemática corresponderá à soma dos valores resultantes da aplicação isolada das regras previstas nas alíneas 'a' e 'b'. § 3º Para fins de aplicação da alínea 'a', do inciso II deste artigo, entende-se por reserva constituída pelo participante o valor acumulado das contribuições vertidas por ele ao plano, destinadas ao financiamento do benefício pleno programado, de acordo com o plano de custeio, ajustado conforme o regulamento do plano de benefícios. § 4º O regulamento do plano de benefícios poderá prever outros critérios para apuração do direito acumulado pelo participante que resultem em valor superior ao previsto neste artigo, sempre respeitando as especificidades do plano de benefícios. § 5º Os critérios e a metodologia

Operacionalmente, todavia, a transferência de recursos decorrente da portabilidade aperfeiçoa-se entre as próprias entidades previdenciárias, na medida em que o montante não é entregue diretamente ao segurado para o repasse à nova entidade, mas sim transportado de uma entidade para a outra.

Saliente-se, por oportuno, que a portabilidade não deve ser confundida com a simples migração entre planos. Visto que, de acordo com Cassa (2009, p. 200), "na portabilidade, os recursos do participante transitam entre planos de entidades diferentes. Já na migração, os recursos transitam entre planos de uma mesma entidade".

Outrossim, não se exercita a portabilidade incondicionalmente. É preciso que o regulamento estabeleça critérios para que o instituto seja executado, sob pena de desequilíbrio do plano. Um dos requisitos está previsto pelo próprio art. 14 da Lei Complementar n. 109, de 2001, que, no seu § 1º, dispõe não ser admitida a portabilidade "[...] na inexistência de cessação do vínculo empregatício do participante com o patrocinador".

Na vigência do vínculo de emprego com o patrocinador, portanto, o participante não pode solicitar a transferência de recursos para plano gerido por outra entidade previdenciária, por expressa vedação legal. Note-se, contudo, que tal vedação refere-se apenas aos planos patrocinados, não mencionando os instituídos.

Cazetta (2006, p. 78), ao conceituar portabilidade, escreve expressamente que a mesma confere ao segurado o direito de transferir os recursos vertidos em caso de "cessação do seu vínculo com o patrocinador ou instituidor", dando a entender que a vedação contida no § 1º, do art. 14 da Lei Complementar n. 109, de 2001, alcançaria tanto planos patrocinados como instituídos. Ramos (2005, p. 100) expressa entendimento semelhante ao de Cazetta (2006), ao dizer que

> [...] para que seja possível o exercício da portabilidade, faz-se necessária a cessação de vínculo empregatício mantido entre o participante e a patrocinadora (por analogia, também se pode considerar a cessação do vínculo associativo do participante com o instituidor).

Contrariamente, Cassa (2009, p. 199-200), após enfatizar que a portabilidade deve atender a certos requisitos, destaca que o segurado, no caso

---

de apuração do direito acumulado pelo participante, para fins de portabilidade, considerando eventuais insuficiências de cobertura do plano de benefícios, deverão constar do regulamento e da nota técnica atuarial do plano de benefícios." Disponível em: <http://www.mpas.gov.br/conteudoDinamico.php?id=306> Acesso em: 20.7.2012.

dos planos instituídos, poderá exercer seu direito a qualquer momento, desde que preenchida a carência estabelecida no plano.

Weintraub (2005, p. 133), por sua vez, aduz que "a cessação do vínculo empregatício não é necessária para a portabilidade em fundos instituídos". Tecnicamente, contudo, equivoca-se o autor, pois nos planos instituídos o participante não mantém contrato de emprego com o instituidor, mas tão somente relação associativa. Correia (2004, p. 191) enfrenta com mais profundidade a problemática esclarecendo que:

> Entendemos que o § 1º tem por fim, tão-somente, restringir o instituto da portabilidade do "direito acumulado" nos planos de benefícios patrocinados, em razão de acrescer uma condição que lhes é exclusiva, qual seja, a cessação do vínculo empregatício.

O fundamento para tal conclusão consiste no fato de não ter o inciso II do art. 14 restringido o instituto da portabilidade apenas aos participantes de planos patrocinados, logo, aqueles participantes de planos de benefícios criados por instituidores, com base no vínculo associativo, também fazem jus a esse instituto. Portanto, qualquer forma de interpretação do referido dispositivo que estenda a esses participantes a condição de "cessação do vínculo empregatício" deve ser desconsiderada por *contra legem* e atentatória ao princípio constitucional da igualdade, uma vez que não se apresenta uma causa legítima de *descrimene*, sendo claro que o critério — cessação do vínculo de emprego — utilizado no contraditado § 1º não tem vinculação com o fundamento associativo da relação jurídica a que pertence.

Concorda-se com Correia quando afirma que a extensão da exigência de cessação do vínculo com o instituidor seria uma imputação indevida ao segurado de planos instituídos, visto que a lei restringe-se a tratar dos planos patrocinados. Assim, entende-se que, para os planos instituídos, a portabilidade condiciona-se unicamente a observância da carência respectiva.

Acerca da carência para a portabilidade, denota o § 2º do art. 14 da Lei Complementar n. 109, de 2001, que a mesma deverá ser estabelecida pelo órgão regulador e fiscalizador. Atualmente, prevalece o disposto no art. 14, inciso II, da Resolução n. 6, de 2003, do Ministério da Previdência Social (MPAS), que fixa uma carência máxima de três anos para a portabilidade[31].

O terceiro instituto encontra-se no inciso III do art. 14 da Lei Complementar n. 109, de 2001, que prevê a possibilidade de resgate, pelo

---

(31) *Vide* Resolução MPAS/CGPS n. 6, de 2003. Disponível em: <http://www.mpas.gov.br/conteudo Dinamico.php?id=306> Acesso em: 20.7.2012.

participante, da totalidade das contribuições por ele vertidas, deduzidas as parcelas de custeio administrativo, na forma do regulamento do plano. Para Correia (2004, p. 195):

> Por resgate entende-se o direito previsto na lei básica da previdência complementar que assegura ao participante de um determinado plano de benefícios a restituição, no mínimo, do valor por ele acumulado, referente à totalidade de suas contribuições ao plano, descontadas apenas as parcelas do custeio administrativo, na hipótese de esse participante vir a se desligar do respectivo plano antes de ter preenchido os requisitos de elegibilidade ao benefício pleno.

Trata-se de um mecanismo que viabiliza a restituição de tudo aquilo que o participante contribuiu durante o período em que se manteve vinculado ao plano, descontadas, por suposto, as taxas administrativas.

Frise-se, contudo, que ao participante somente é conferido resgatar as contribuições por ele revertidas ao fundo, não alcançando aquelas realizadas pelo patrocinador ou instituidor. Nesse sentido, inclusive, entende o Superior Tribunal de Justiça, afirmando, na súmula 290, que, "nos planos de previdência privada, não cabe ao beneficiário a devolução da contribuição efetuada pelo patrocinador"[32].

Comentando a súmula acima transcrita, Weintraub (2005, p. 140-141) pondera que as contribuições vertidas pelo patrocinador ou instituidor em favor do participante, por serem decorrentes de uma liberalidade dos primeiros, deveriam ser entregues ao empregado ou associado no momento do resgate.

Por outro lado, o autor reverbera dizendo que, caso a totalidade das contribuições fosse entregue ao participante no momento do resgate, o plano poderia ficar desguarnecido em relação aos benefícios não programados, como é o caso daqueles que decorrem de morte ou invalidez.

Daí a preocupação do STJ, ao sedimentar na Súmula n. 290 entendimento no sentido de que a devolução das contribuições não alcança aquelas que não foram efetivadas pelo segurado, minimizando as consequências do resgate para o plano.

Nesse ponto, abre-se um parêntese para dizer que uma das diferenças entre os institutos da portabilidade e do resgate reside exatamente no fato de que, enquanto no resgate o participante levanta tão somente as contri-

---

(32) Disponível em: <http://www.stj.jus.br/SCON/sumanot/toc.jsp?livre=(sumula adj1'290').mat.#TIT1TEMA0> Acesso em: 24.8.2012.

buições por ele vertidas, deduzido o custeio administrativo; na portabilidade, a transferência do direito acumulado não exclui, em princípio, as contribuições do patrocinador ou instituidor.

É que a portabilidade pressupõe a assunção, por outra entidade previdenciária, da administração do direito acumulado pelo participante para a consecução de benefícios por ela geridos, fato este que demanda o transpasse não apenas das contribuições do segurado, mas também do patrocinador ou instituidor a que se vincula.

Outro aspecto importante, relativamente ao resgate, traduz-se na existência ou não de eventual vinculação do pedido de devolução à extinção do vínculo empregatício ou associativo com o patrocinador ou instituidor. Problematizando: será que o segurado somente poderá pedir o resgate, desvinculando-se da entidade previdenciária, se igualmente tiver que cessar seu vínculo com o patrocinador ou instituidor?

Balera (2005, p. 115) entende que "o resgate somente poderá ser requerido pelo participante que se desligar da patrocinadora e da entidade. Assim, o simples pedido do participante para se desligar da entidade, enquanto mantiver vínculo empregatício com a patrocinadora, não implica no direito ao resgate". Segundo Balera (2005), pois, haveria uma espécie de dependência do exercício do resgate com a manutenção do vínculo empregatício com o patrocinador ou associativo com o instituidor.

Discorda-se, todavia, do posicionamento do autor. Isso porque a Lei Complementar n. 109, de 2001, em nenhum momento estabeleceu tal conexão, ao contrário do que fez com o instituto da portabilidade, para o qual o art. 14, § 1º, da citada Lei jungiu expressamente seu exercício à cessação do vínculo de emprego mantido entre participante e patrocinador.

Não poderia o intérprete, diante da omissão legislativa, criar condição inexistente. Até porque o presente trabalho demonstrará mais adiante que o contrato previdenciário não se confunde com o contrato de trabalho, tampouco com o vínculo associativo mantido com o instituidor.

Demais disso, a devolução das contribuições decorrentes do resgate não alcança àquelas vertidas pelo patrocinador ou instituidor, de sorte que atrelar o resgate à cessação contrato de trabalho ou do vínculo associativo seria limitar em demasia a autonomia privada do participante, que goza da faculdade de celebrar e manter em vigor o pacto com determinado plano de benefícios.

O derradeiro instituto versado pelo art. 14 da Lei Complementar n. 109, de 2001, refere-se ao autopatrocínio. A teor do inciso IV do aludido artigo, o participante terá a faculdade de "[...] manter o valor de sua contribuição e a do patrocinador, no caso de perda parcial ou total da remuneração recebida, para assegurar a percepção dos benefícios nos níveis correspondentes àquela remuneração ou em outros definidos em normas regulamentares".

Ao exercer o autopatrocínio, o participante passa a arcar, total ou parcialmente, com o valor das contribuições necessárias à manutenção do nível dos benefícios originariamente contratados, em virtude da diminuição do seu padrão remuneratório.

Destarte, caso o participante sofra uma perda ou redução do montante contraprestativo que recebia — o que normalmente ocorre nos casos de extinção do vinculo trabalhista, bem como nas alterações salariais circunstanciais —, o segurado poderá optar em permanecer contribuindo com o valor anterior à alteração, com vistas a evitar redução no quantitativo dos benefícios que contratou. Nesse sentido, explicita Cassa (2009, p. 195-196):

> Quando o participante perde a sua remuneração, total ou parcialmente, não é justo que, por conta dessa nova circunstância, ele tenha que reprogramar sua aposentadoria. Para resolver essa questão, passou-se a conferir-lhe, a partir da LC n. 109/01, a faculdade de manter o valor de sua contribuição e o da patrocinadora em caso de perda parcial ou total de sua remuneração ou de término do vínculo, a fim de manter-se o mesmo nível de benefício futuro originalmente contratado, tornando-se o participante autopatrocinado.

Do ponto de vista da manutenção do equilíbrio do plano, o autopatrocínio apresenta-se como uma excelente opção, na medida em que o segurado permanece no plano sem alteração do custeio, modificando apenas a origem dos recursos (no todo ou em parte), que antes vinham do patrocinador e agora não mais.

Note-se que o dispositivo legal acima transcrito não exige, para o exercício do autopatrocínio, que o participante cesse seu vínculo de emprego com o patrocinador, bastando, apenas, que tenha ocorrido uma mudança no seu padrão remuneratório capaz de afetar o valor do benefício futuro.

Ocorre que, nos termos do art. 7º, inciso VI, da Constituição Federal, o salário é irredutível, salvo negociação coletiva. Desta feita, indaga-se: como poderia haver modificação lícita do padrão salarial do segurado, diminuindo a contraprestação?

A resposta pode ser obtida levando-se em conta três situações. A primeira delas encontra-se na própria ressalva feita pelo texto constitucional, no sentido de que a negociação coletiva, consolidada por meio de acordo coletivo de trabalho ou convenção coletiva de trabalho[33], poderia autorizar a redução salarial, obviamente que diante de circunstâncias absolutamente excepcionais.

A segunda situação que autorizaria uma redução lícita de salário seria a supressão de um adicional habitual (horas extras, noturno, isalubridade, periculosidade ou transferência), diante da ausência dos fatos que impõem o seu pagamento, já que tal parcela, apesar da natureza salarial, não se incorpora ao patrimônio jurídico do empregado, independentemente do tempo que o obreiro a tenha recebido.

Finalmente, a terceira situação em que o salário poderia ser reduzido nominalmente de modo lícito ocorre com a redução da jornada de trabalho. Ora, a mudança na quantidade de horas trabalhadas permite que o empregador pague ao empregado contraprestação proporcional, desde que a redução da jornada, é claro, tenha sido válida.

Em qualquer uma das três situações mencionadas, o participante, mesmo não tendo se desvinculado do patrocinador, pode assumir a diferença das contribuições, a fim de salvaguardar o valor do benefício futuro.

2.3. CONTRATO DE PREVIDÊNCIA PRIVADA FECHADA E CONTRATOS AFINS

Após análise da formação e desenvolvimento do contrato de previdência privada fechada e de alguns institutos a ele relacionados, pertinente à diferenciação entre o negócio jurídico previdenciário e outros que lhes são afins, como é o caso do contrato de seguro privado e do contrato de trabalho.

2.3.1. DIFERENÇA ENTRE O CONTRATO DE PREVIDÊNCIA PRIVADA FECHADA E O CONTRATO DE SEGURO PRIVADO

A vida humana é pautada pelo trabalho e esforço diários que a própria existência determina. Acontece que o trajeto do homem no exercício de

---

(33) CLT, "Art. 611. Convenção Coletiva de Trabalho é o acordo de caráter normativo, pelo qual dois ou mais Sindicatos representativos de categorias econômicas e profissionais estipulam condições de trabalho aplicáveis, no âmbito das respectivas representações, às relações individuais de trabalho. § 1º É facultado aos Sindicatos representativos de categorias profissionais celebrarem Acordos Coletivos com uma ou mais empresas da correspondente categoria econômica, que estipulem condições de trabalho, aplicáveis no âmbito da empresa ou das acordantes respectivas relações de trabalho".

suas atividades normais e em suas relações com os demais não está isento de contingências que, em maior ou menor proporção, possam lhe gerar perdas indesejáveis.

O risco afigura-se, portanto, imanente à convivência entre os homens. É exatamente por isso que a sociedade desenvolveu, ao longo dos tempos, várias formas de lidar com o problema do risco. Allen e Simon (1958, p. 2-3) apresentam três métodos para enfrentar tal problemática, quais sejam: a prevenção de perda (*prevention of loss*), a assunção de risco (*assumption of risk*) e o seguro (*insurance*).

Segundo os autores, a prevenção de perdas compreende um conjunto de medidas profiláticas voltadas a evitar as lesões. O acompanhamento médico periódico para minimizar a ocorrência de enfermidades e óbitos; a instalação de sistemas de segurança para proteção contra roubos e furtos; e a realização de inspeções técnicas de precaução contra desastres e incêndios, seriam exemplos de medidas preventivas.

Entretanto, aludidos mecanismos acabariam por tornarem-se demasiadamente onerosos e, por consequência, somente seriam utilizados quando o valor das perdas realmente justificasse o custo das medidas e mesmo assim, poderiam não ser satisfatórios ou eficazes em alguns casos[34].

Por sua vez, o método da assunção de riscos estaria relacionado a pequenos danos, cuja ocorrência permitiria ao indivíduo suportar por si os prejuízos que lhe acometeram. Tal método somente se apresenta praticável diante de ocorrências diárias que podem implicar em perdas economicamente toleráveis. Quando o valor dos danos é substancial, o prejudicado não tem como arcar com as perdas sem comprometer os recursos destinados ao seu próprio sustento[35].

Finalmente, o terceiro método selecionado por Allen e Simon é o seguro. Trata-se de um negócio jurídico por meio do qual um indivíduo

---

(34) No original: "Also, it can readily be seen that these methods of loss prevention are very expensive and can be used only where the amount of possible loss is large enough to warrant the cost. Consequently, loss prevention in the restrict sense has a very limited application to potencial losses, and even in these cases, where used alone, cannot be said to be entirely satisfactory" (ALLEN; SIMON, 1958, p. 2).

(35) No original: "Another method of treating the problem is for the individual exposed to the risk to assume it himself. He realizes that he is taking the risk and if loss does occur, he suffers is as best he may. This is a very common procedure, and frequently is the one available, in so far as minor risks are concerned. [...] Therefore, where the value of the property at risk is substantial, it is entirely impracticable for the owner to assume the risk unless he is quite wealthy; and even then, there is always the possibility that through an unfortunate combination of circumstances he might experience several losses within a short time which would total more than he, with all his resources, could comfortably sustain". (ALLEN; SIMON, 1958, p. 2-3).

transfere para uma companhia de seguros os riscos contratados, mediante o pagamento de uma determinada quantia.

Para os autores, seriam inúmeras as vantagens do contrato de seguro, tais como: a substituição da certeza pela incerteza do evento; a distribuição equitativa dos custos entre os sujeitos envolvidos no negócio jurídico; um crédito que de outro modo seria inalcançável pode ser obtido por meio da proteção securitária; e o seguro de vida permite a proteção dos dependentes[36].

No ordenamento jurídico brasileiro, o contrato de seguro é regulado pelo Capítulo XV do Código Civil de 2002, cujo art. 757 assinala que: "pelo contrato de seguro, o segurador se obriga, mediante o pagamento do prêmio, a garantir interesse legítimo do segurado, relativo à pessoa ou à coisa, contra riscos predeterminados".

O contrato de seguro é aquele em que o contratante (segurado) compromete-se a pagar a uma entidade autorizada para tanto (seguradora) uma quantia definida previamente (prêmio), com vistas à cobertura (indenização) de danos (sinistros) decorrentes de riscos previsíveis.

De acordo com Cerne (1973, p. 23-24), o contrato de seguro é consensual, já que se forma unicamente pelo acordo de vontades; bilateral, pressupondo a existência de pelo menos duas partes (segurado e seguradora); e aleatório, na medida em que, se o evento futuro contratado não ocorrer no prazo estipulado, a seguradora acabará por ganhar o prêmio pago.

O contrato de seguro privado e o contrato de previdência privada fechada possuem inegáveis semelhanças. Ambos têm na cobertura de riscos o seu objeto central. Também exigem o pagamento de uma determinada quantia, para viabilizar a percepção do benefício contratado, sendo igualmente consensuais. Outrossim, a seguradora, assim como a entidade fechada de previdência privada, somente poderão funcionar mediante autorização prévia dos órgãos de controle e regulação.

Por outro lado, são inúmeras as diferenças entre os citados negócios jurídicos. Serão pontuadas, a seguir, aquelas consideradas como de maior relevância. A primeira diferença a ser destacada diz respeito aos sujeitos das relações. No contrato de previdência privada fechada, o plano de

---

(36) No original: "There are numerous advantages of using the insurance method, chief among which are (1) the substitution of certainty for uncertainty, (2) the equitable distribution of cost among those subject to the risk, (3) credit otherwise unobtainable is made available through insurance protection, and (4) security of dependents is made possible through life insurance". (ALLEN; SIMON, 1958, p. 4).

benefícios somente é acessível aos empregados de determinado patrocinador ou associados de certo instituidor. Os seguros privados, ao revés, são em princípio acessíveis a todos os interessados, desde que dotados de capacidade, sem que haja restrições quanto à sua vinculação a terceiros (empregador ou entidade de classe).

Ademais, os contratos de previdência privada fechada demandam a presença de pelo menos três sujeitos: entidade de previdência, patrocinador ou instituidor e participante. Já os contratos de seguro privado aperfeiçoam-se com a presença de apenas dois signatários: o segurado e o segurador.

Ainda em relação aos sujeitos, apesar de o segurador e a entidade previdenciária atuarem sob o controle do Estado, os órgãos de fiscalização são distintos. No caso do segurador, sua atuação é regulada pelo Conselho Nacional de Seguros Privados (CNSP) e fiscalizada pela Superintendência Nacional de Seguros Privados (SUSEP). As entidades fechadas de previdência privada são reguladas pelo Conselho Nacional de Previdência Complementar (CNPC) e fiscalizadas pela Superintendência Nacional de Previdência Complementar (PREVIC)[37].

Outro ponto de distinção a ser enfatizado refere-se à formação dos contratos aqui analisados. Como exposto no item 2.2.1 retro, o contrato de previdência privada fechada é de índole complexa, na medida em que seu aperfeiçoamento depende de duas manifestações de vontades distintas, porém complementares. A primeira, diz respeito à celebração do convênio de adesão entre o patrocinador ou instituidor e a entidade previdenciária, relativamente a cada plano a ser oferecido; e a segunda concerne à aceitação facultativa da oferta do plano pelo participante (empregado ou associado), consolidando, com isso, a formação do vínculo previdenciário.

Já o contrato de seguro privado, quanto à sua formação, é considerado simples, dependendo tão somente da aceitação da proposta do segurador pelo segurado, ocasião em que o negócio jurídico considera-se celebrado e apresenta-se passível de produzir efeitos.

No tocante à respectiva onerosidade, os contratos de seguro e previdência privada fechada também possuem importante distinção.

Não há dúvidas de que ambos são contratos onerosos, na medida em que desafiam o pagamento de valores. No seguro privado, os numerários

---

(37) Importante destacar que o contrato de previdência privada aberto é muito mais assemelhado ao contrato de seguro, tanto é verdade que os órgãos de fiscalização e controle são os mesmos, isto é, o CNPS e a SUSEP, conforme visto no item 1.1 do presente trabalho.

vertidos pelo segurado denominam-se prêmios. No contrato de previdência privada fechada, os montantes são intitulados de contribuições.

Nada obstante aludida semelhança, é cediço que nos contratos de seguro privado ocorrerá nítida transferência de renda ao segurador, caso o evento coberto pela apólice não venha a se materializar. Por isso, diz-se aleatório o vínculo securitário privado, na medida em que os prêmios (valores pagos pelo segurado para que a seguradora lhe resguarde do risco por ela assumido) serão transformados em verdadeiros rendimentos para a instituição contratada, caso a contingência geradora do benefício não ocorra no prazo estabelecido. O aspecto econômico-lucrativo é evidente na relação jurídica de seguro privado.

Já no contrato de previdência privada fechada as contribuições não se destinam a constituir rendimentos em favor da entidade previdenciária, a qual, por força do art. 31, § 1º, da Lei Complementar n. 109, de 2001, sequer poderá ter finalidade lucrativa. A onerosidade do contrato previdenciário não é aleatória, mas sim comutativa, pois as contribuições recolhidas revertem-se em favor dos participantes ou assistidos, sob a forma de benefícios.

Em síntese, tem-se que, embora a cobertura de riscos seja, a rigor, desígnio tanto do contrato de seguro privado como do negócio jurídico previdenciário fechado, no primeiro o risco se transfere ao segurador, que o assume em troca do prêmio pago pelo segurado, que constituirá rendimentos caso o evento coberto não aconteça. No contrato previdenciário, não existe repasse de risco para a entidade de previdência, pois o conjunto de contribuições realizadas terá por fito, unicamente, constituir reservas que serão geridas em prol dos próprios participantes ou seus beneficiários.

Com efeito, tanto os resultados superavitários dos planos como aqueles que lhes forem deficitários não ensejarão rendimentos ou perdas para a entidade previdenciária, respectivamente.

Na execução do plano, contudo, deverá a entidade velar pelo equilíbrio técnico e econômico-financeiro do plano. Não sendo possível, cumprirá a mesma, segundo Cazetta (2006, p. 112-113),

> [...] adotar uma de duas alternativas: ajustar o plano de custeio, elevando as contribuições devidas pelo patrocinador e pelos participantes (esses últimos considerados em conjunto, como beneficiários de um mesmo plano), ou reduzir o valor ou universo de benefícios devidos aos participantes, de forma a tornar compatível os compromissos e os recursos dos planos.

De uma forma ou de outra, a entidade não aufere qualquer proveito, além do custeio administrativo do plano, não havendo transmissão de riquezas para si. A essência lucrativa marcadamente presente no contrato de seguro privado não encontra guarida no contrato de previdência privada fechada.

2.3.2. Diferença entre o contrato de previdência privada fechada e o contrato de trabalho mantido entre o participante e o patrocinador

Viu-se, até aqui, que a relação jurídica de previdência privada fechada estabelece-se segundo regulamento próprio, possuindo características subjetivas e objetivas que lhe conferem evidente individualidade.

Nada obstante, imperioso que se reforce, sobretudo diante da enorme cizânia doutrinária e jurisprudencial gerada no tocante à essência dos conflitos produzidos no âmbito da relação previdenciária fechada, a sua patente distinção da relação empregatícia que porventura lhe possa ser subjacente.

Para tanto, serão apresentadas, primeiramente, as bases teórico-normativas de definição do contrato de trabalho. Em seguida, restarão apresentados os parâmetros de diferenciação das duas figuras (contrato de trabalho e contrato de previdência privada fechada), buscando demonstrar que, apesar de correlatas, concebem negócios jurídicos diferentes e essencialmente autônomos entre si.

2.3.2.1. Bases teórico-normativas de definição do contrato de trabalho

A Consolidação das Leis do Trabalho (CLT), em seu art. 442, define contrato individual de trabalho como o "[...] acordo tácito ou expresso, correspondente à relação de emprego".

Na verdade, a definição legal é imprecisa e, além de não apresentar os requisitos necessários à formação do vínculo empregatício, incorre em manifesto equívoco terminológico, ao confundir o gênero com a espécie[38].

---

(38) O equívoco mencionado refere-se ao fato de a CLT denominar contrato individual de trabalho aquele cujo objeto é uma relação de emprego. Tecnicamente, melhor seria se o legislador intitulasse-o de contrato individual de emprego, visto que trabalho e emprego são institutos conceitualmente distintos, sendo o primeiro mais amplo do que o segundo.

Nesse particular, impende esclarecer que nem toda relação de trabalho é uma relação de emprego. Souto Maior (2007, p. 13) compreende a relação de trabalho como "[...] toda relação jurídica em que um dos contratantes assuma a obrigação de prestar serviço à outra pessoa natural ou jurídica, que se obriga a alguma contraprestação pelo serviço prestado [...]".

Assim, o trabalho autônomo, o trabalho eventual, o trabalho voluntário, o emprego, entre outros, seriam espécies do gênero relação de trabalho. Não há dúvidas, no entanto, que, dentre todas as relações de trabalho, a relação de emprego é a que recebe do ordenamento jurídico brasileiro uma maior preocupação.

Mas, afinal, o que seria uma relação de emprego? A resposta a esta indagação reside na identificação dos elementos existenciais do vínculo empregatício. Ocorre que o legislador celetista não foi sistemático ao apresentar os pressupostos do mencionado vínculo, optando tão somente por definir seus sujeitos: empregador (sujeito passivo) e empregado (sujeito ativo). Nada obstante, a partir da definição dos sujeitos que compõem a relação de emprego, podem-se extrair os requisitos necessários à sua formação.

Com efeito, o art. 2º da CLT considera empregador "[...] a empresa, individual ou coletiva, que, assumindo os riscos da atividade econômica, admite, assalaria e dirige a prestação pessoal de serviço". Já no seu art. 3º, a CLT conceitua empregado como sendo "[...] toda pessoa física que prestar serviços de natureza não eventual a empregador, sob a dependência deste e mediante salário".

Dos conceitos legais acima transcritos, resultam as seguintes considerações.

Em primeiro lugar, verifica-se do art. 3º celetista que o empregado obrigatoriamente deverá ser uma pessoa física (natural). Ter o sujeito ativo como pessoa natural é imanente a toda e qualquer relação de trabalho. Com o vínculo de emprego não poderia ser diferente, não se concebendo que o dispêndio de labor (energia humana) possa advir de outrem que não um trabalhador pessoa natural.

Em segundo lugar, observa-se do art. 2º da CLT que a prestação do labor pelo empregado ocorrerá de maneira pessoal. Assim, tem-se que as características pessoais do trabalhador são relevantes para o empregador, não podendo o obreiro se fazer substituir ou auxiliar por terceiro a seu critério. Daí dizer-se personalíssimo o vínculo empregatício que tange ao seu sujeito ativo.

Em terceiro lugar, nota-se que o já citado art. 2º afirma competir ao empregador a direção da prestação laborativa. O art. 3º, por sua vez, reforça a ideia de controle deferida legalmente ao empregador ao dizer que o empregado trabalha sob a sua dependência. Dessas duas passagens normativas, retira-se o requisito da subordinação.

Entende-se por subordinação a sujeição do empregado ao poder diretivo do empregador, que reúne em si todas as prerrogativas de comando, organização, gestão, regulamentação e controle da execução do trabalho contratado. Tal subordinação não é econômica ou técnica, mas jurídica, visto que decorre do negócio jurídico empregatício.

Em quarto lugar, prescreve o art. 3º da CLT que o trabalho prestado pelo empregado ao empregador deve ser de maneira não eventual, assim considerado aquele prolongado no tempo, com fixação jurídica a um único tomador e relacionado à finalidade do empreendimento. A não eventualidade ou habitualidade é, pois, requisito de existência da relação de emprego.

Finalmente, ainda do art. 3º celetista percebe-se que o empregado trabalha mediante salário, ou seja, o vínculo de emprego é essencialmente oneroso. A onerosidade deve, contudo, ser aferida tanto no seu aspecto objetivo (efetivo repasse contraprestativo) como no seu viés subjetivo (intenção do empregado de trabalhar mediante contraprestação).

A onerosidade subjetiva chega a ser até mesmo mais importante do que a objetiva, pois muitas vezes o empregado labora por certo período em favor de um determinado empregador e dele não recebe qualquer contraprestação, embora, desde a formação do vínculo, o obreiro sempre haja conservado consigo a intenção de percepção salarial. Em tais casos, existindo o ânimo contraprestativo, a onerosidade existirá, mesmo que o empregado não tenha, de fato, percebido qualquer retribuição pecuniária.

Conclui-se, com isso, que os requisitos de existência do vínculo de emprego são: a) trabalhador pessoa natural; b) pessoalidade em relação ao empregado; c) subordinação jurídica; d) não eventualidade; e) onerosidade. Presentes tais requisitos o vínculo existirá, independentemente da forma que venha a assumir.

O contrato individual de trabalho será, destarte, o negócio jurídico bilateral que tem como objeto uma relação de emprego e como sujeitos o empregador e o empregado. Nas palavras de Süssekind *et al.* (2004, p. 237):

> Contrato de trabalho *stricto sensu* é o negócio jurídico pelo qual uma pessoa física (empregado) se obriga, mediante o pagamento de uma contraprestação

(salário), a prestar trabalho não eventual em proveito de outra pessoa, física ou jurídica (empregador), a quem fica juridicamente subordinada.

Frise-se que, por oportuno, que a terminologia legal é equivocada, pois melhor seria se o legislador denominasse o negócio jurídico em exame de contrato de emprego, enfatizando a específica relação a que se refere, e não ao gênero relação de trabalho. Entretanto, sendo consagrada a denominação, não se empreenderá esforços do sentido de desconstruí-la.

Outro ponto a ser destacado diz respeito à forma do contrato de trabalho. Segundo o art. 443 da CLT, "o contrato individual de trabalho poderá ser acordado tácita ou expressamente, verbalmente ou por escrito [...]". A forma não se afigura, portanto, como requisito de existência ou validade do negócio jurídico trabalhista, de sorte que, havendo relação de emprego, o contrato de trabalho existirá e, como regra, estará apto a produzir todos os seus efeitos, independentemente da forma que assuma.

Por fim, pertinente salientar que o contrato de trabalho rege-se pelo Direito do Trabalho, que reconhece na relação de emprego a presença de uma desigualdade substancial entre empregador e empregado, estando este em posição de hipossuficiência relativamente àquele.

Em virtude dessa constatação, o Direito do Trabalho coloca-se de modo notoriamente protetivo para com o empregado, criando princípios, preceitos e presunções que lhes são favoráveis, na tentativa de equilibrar, no plano jurídico, o desnível identificado no plano dos fatos.

2.3.2.2. Parâmetros de diferenciação entre o contrato de trabalho e o contrato de previdência privada fechada

Diante do que se viu até aqui, é mais do que evidente a distinção existente entre o contrato de trabalho e o contrato de previdência privada fechada, tanto em relação aos seus sujeitos como no tocante ao objeto e ao regime normativo a que estão submetidos.

Quanto aos sujeitos, sabe-se que o vínculo de emprego aperfeiçoa-se de modo bilateral, tendo, de um lado, o empregado, que despende sua energia de trabalho; e, do outro, o empregador, que recebe a prestação laborativa e, em contrapartida, paga ao trabalhador o correspondente salário.

Já a relação de previdência privada fechada possui três sujeitos: o patrocinador ou instituidor, a entidade previdenciária e o participante. O primeiro celebra convênio de adesão com o segundo e, em seguida, oferece aos seus empregados ou associados a possibilidade de vinculação facultativa ao plano ofertado.

A distinção entre os sujeitos da relação é reforçada por Balera (2005, p. 302), ao denotar que: "As relações de emprego são mantidas entre empregado e empregador. As relações de previdência privada são estabelecidas entre participantes (ou beneficiários) e as entidades de previdência privada, ou seja, sujeitos distintos regem ambas as relações".

Quanto ao objeto, percebe-se que o contrato de trabalho compreende uma prestação pessoal, subordinada, não eventual e onerosa de serviço. Já o contrato de previdência volta-se à constituição de reservas para a concessão futura de benefícios contratados, segundo regramentos previamente estabelecidos, sob a chancela do Estado.

Assim, tem-se que o objeto do contrato de trabalho é uma obrigação de fazer onerosa, enquanto o do contrato de previdência privada fechada refere-se a uma obrigação de dar futura e comutativa.

Quanto ao regime normativo, o contrato de trabalho é regido pelo Direito do Trabalho, cujas previsões estão, em sua maioria, dispostas na Consolidação das Leis do Trabalho (Decreto-Lei n. 5.452, de 1943), que intencionalmente traz previsões protetivas ao empregado, com vistas a reduzir ou eliminar o desequilíbrio material decorrente de sua constatada hipossuficiência frente ao empregador.

O contrato de previdência privada fechada, a seu turno, é regulamentado pelo art. 202 da Constituição Federal de 1988 e pelas Leis Complementares ns. 108 e 109, de 2001, não prescrevendo com tamanha intensidade disposições tutelares aos pactuantes, embora haja enorme preocupação legislativa com a viabilidade e equilíbrio do regime.

Todavia, apesar das visíveis diferenças existentes entre o contrato de trabalho e o contrato de previdência privada, ainda persiste dissenso quanto à autonomia de um em relação ao outro.

A origem da cizânia decorre, basicamente, de duas circunstâncias. A primeira atrela-se ao fato de o empregador, nos planos patrocinados, poder criar a entidade de previdência fechada. A segunda nasce a partir da limitação legal de oferta dos planos apenas aos empregados do dito patrocinador, o qual contribui de maneira exclusiva ou paralelamente aos trabalhadores para a formação das reservas destinadas à concessão dos benefícios contratados.

Esses dois aspectos permitem que uma análise superficial dos institutos possa implicar na crença de que a relação previdenciária privada fechada não passaria de uma mera cláusula do contrato de trabalho. Uma espécie de benesse ofertada pelo empregador e que, como tal, sofreria incidência de todo o tratamento jurídico característico do Direito Laboral.

Acontece que o próprio constituinte, já antevendo potenciais construções argumentativas que pudessem entrelaçar as duas relações, prudentemente dispôs no art. 202, § 2º, da Constituição Federal, com redação dada pela Emenda Constitucional n. 20, de 1998, que:

> As contribuições do empregador, os benefícios e as condições contratuais previstas nos estatutos, regulamentos e planos de benefícios das entidades de previdência privada não integram o contrato de trabalho dos participantes, assim como, à exceção dos benefícios concedidos, não integram a remuneração dos participantes, nos termos da lei.

Com idêntica redação, foi editado o art. 68 da Lei Complementar n. 109, de 2001. Entretanto, a despeito das previsões constitucional e legal serem clarividentes, ainda assim subsistem dúvidas quanto à autonomia da relação previdenciária fechada frente à correlata relação de emprego.

Mas, será que a criação da entidade privada de previdência fechada pelo empregador dos futuros participantes faz do contrato previdenciário um apêndice do contrato de trabalho? E o fato de a oferta dos benefícios, nos planos patrocinados, ser limitada aos empregados do patrocinador, que contribui exclusivamente ou de modo compartilhado para a formação das reservas, torna a relação previdenciária componente do contrato de trabalho? Buscando responder a tais indagações, iniciam-se algumas reflexões.

No que concerne à primeira indagação, relativamente ao fato de o patrocinador poder criar a entidade de previdência privada fechada, tem-se que tal prerrogativa, acaso exercida, não fará da entidade um patrimônio do patrocinador, embora o órgão regulador e fiscalizador possa solicitar da empresa informações relativas aos aspectos específicos, que digam respeito aos compromissos assumidos frente aos respectivos planos de benefícios, conforme previsto no art. 41, § 2º, da Lei Complementar n. 109, de 2001.

Também não se pode dizer que a entidade de previdência fechada compõe grupo econômico com o patrocinador, visto que o art. 31, § 1º, da Lei Complementar n. 109, de 2001, é claro ao dispor que "as entidades fechadas organizar-se-ão sob a forma de fundação ou sociedade civil, sem fins lucrativos", sendo certo que o art. 2º, § 2º, da CLT, que concebe normativamente o grupo empresarial para fins trabalhistas, pressupõe que os integrantes do conglomerado desenvolvam atividade industrial ou comercial, com finalidade econômica, portanto[39].

Patrocinador e entidade previdenciária são, desse modo, pessoas jurídicas completamente dissociadas, com funcionamento e objetivos próprios, apesar de envolvidas, juntamente com o participante, numa mesma relação jurídica previdenciária.

Com efeito, do mesmo modo que os trabalhadores, na condição de empregados dos patrocinadores, não podem requerer das entidades previdenciárias responsabilidade pelo adimplemento de créditos trabalhistas nascidos no contrato de emprego; ditos obreiros, agora na qualidade de participantes, também não podem impor aos patrocinadores responsabilidade pelos deveres previdenciários não observados pela entidade.

Saliente-se, ainda, que a simples circunstância de o patrocinador conceber a entidade não o autoriza, por si só, a ofertar os planos de benefícios por ela regulamentados aos seus empregados. É preciso, como já informado anteriormente, que a empresa celebre convênio de adesão com a entidade, relativamente a cada plano, para, somente após, poder disponibilizar a vinculação aos seus empregados.

A dissociação entre a entidade de previdência fechada e aquele que a constitui fica ainda mais evidente diante do fato de a mesma poder ser criada por instituidor (pessoa jurídica de caráter profissional, classista ou setorial, como *v. g.*: conselhos profissionais, sindicatos, cooperativas, associações profissionais, entre outros), que, ao contrário do patrocinador, não mantém vínculo de emprego com seus associados[40].

Outro fator que também pode ser destacado dormita na possibilidade de determinada empresa aderir ao plano de benefícios de entidade fechada por ela não constituída, como ocorre no caso dos planos multipa-

---

(39) "CLT, art. 2º [...] § 2º Sempre que uma ou mais empresas, tendo, embora, cada uma delas, personalidade jurídica própria, estiver sob a direção, controle ou administração de outra, constituindo grupo industrial, comercial ou de qualquer outra atividade econômica, serão, para os efeitos da relação de emprego, solidariamente responsáveis à empresa principal e cada uma das subordinadas."

(40) Resolução CGPC n. 12, de 2002, "Art. 2º Considera-se Instituidor a pessoa jurídica de caráter profissional, classista ou setorial, que oferecer plano de benefícios previdenciários aos seus associados. Parágrafo único. Poderão ser Instituidores: I — os conselhos profissionais e entidades de classe nos quais seja necessário o registro para o exercício da profissão; II — os sindicatos, as centrais sindicais e as respectivas federações e confederações; III — as cooperativas que congreguem membros de categorias ou classes de profissões regulamentadas; IV — as associações profissionais, legalmente constituídas; V — outras pessoas jurídicas de caráter profissional, classista ou setorial, não previstas nos incisos anteriores, desde que autorizadas pelo órgão fiscalizador".

trocinados[41], que congregam mais de um patrocinador ou instituidor, dentre os quais não necessariamente se insere aquele que constituiu a entidade fechada.

Não fosse pouco, a legislação prevê a possibilidade de transferência de patrocínio ou mesmo retirada do patrocinador[42], postura que não seria crível admitir se patrocinador e entidade fechada fossem um só.

Resulta concluir, do exposto, que a entidade fechada de previdência não faz parte do patrocinador, nem este da entidade. Apenas se relacionam juridicamente entre si para, em conjunto com o participante (que por conceito deve ser empregado do patrocinador), formarem relação previdenciária autônoma.

Outro argumento que também precisa se desconstruído reside na afirmação de que a exclusividade de oferta dos benefícios pela entidade fechada apenas aos empregados do patrocinador e a contribuição deste para a formação das reservas agrega a relação previdenciária ao vínculo de emprego.

Neste particular é preciso que fique claro que, por essência, as entidades fechadas de previdência somente poderão disponibilizar os planos por elas administrados aos empregados do patrocinador ou associados do instituidor. Tal circunstância decorre da própria lei (art. 31 da Lei Complementar n. 109, de 2001)[43], e não do vínculo empregatício ou associativo mantido com patrocinador ou instituidor, respectivamente.

Além do mais, a Lei Complementar n. 109, de 2001, em seu art. 16, § 2º, em atenção ao comando insculpido no art. 202 da Constituição Federal, prevê expressamente a facultatividade de adesão do participante aos planos disponibilizados pela entidade, sendo certo que, embora o patrocinador tenha a obrigação de ofertar os planos a todos os seus empregados[44], estes não são obrigados a aderir, o que demonstra a autonomia existente entre as relações trabalhista e previdenciária. Nesse sentido, reflete Cazetta (2006, p. 28):

---
(41) *Vide* art. 34, inciso II, alínea "b", da Lei Complementar n. 109, de 2001.
(42) *Vide* art. 33, incisos III e IV, da Lei Complementar n. 109, de 2001.
(43) Lei Complementar n. 109, de 2001, "Art. 31. As entidades fechadas são aquelas acessíveis, na forma regulamentada pelo órgão regulador e fiscalizador, exclusivamente: I — aos empregados de uma empresa ou grupo de empresas e aos servidores da União, dos Estados, do Distrito Federal e dos Municípios, entes denominados patrocinadores; e II — aos associados ou membros de pessoas jurídicas de caráter profissional, classista ou setorial, denominadas instituidores".
(44) *Vide* art. 16, *caput*, da Lei Complementar n. 109, de 2001.

O contrato de previdência privada fechada, embora traduza pacto, ainda que indireto, entre o empregador e o empregado, constituído por resultado reflexo da relação jurídica por eles estabelecida com entidade de previdência, se estrutura no exercício das vontades autônomas de caráter privado, não trabalhista, de outorgar (no caso do patrocinador) e de aderir (no do participante) a regime jurídico estabelecido para atribuição de benefícios de caráter previdenciário, por meio da constituição de nova relação jurídica, não complementar nem dependente do contrato de trabalho.

Esse fenômeno jurídico (a manifestação de vontade para a constituição do vínculo a que corresponde à relação jurídica de previdência complementar) ocorre tanto para a instituição e a filiação a planos de previdência quanto para a sua manutenção: são facultativas a instituição e a manutenção de planos pelo empregador, na qualidade de patrocinador, e a adesão e permanência na entidade por parte do empregado, como participante.

O autor também enuncia que, mesmo que a adesão ao plano de benefícios nos regimes fechados de previdência decorra da existência do vínculo empregatício (nos planos patrocinados), ainda assim o negócio jurídico previdenciário é autônomo frente ao trabalhista[45].

As relações em questão (trabalhista e previdenciária) são de tal forma dissociadas que a Lei Complementar n. 109, de 2001, prevê, em seu art. 14, institutos como: a) *benefício proporcional diferido*, permitindo ao participante que se desligou do patrocinador o gozo de beneficio calculado de acordo com as reservas até então vertidas à entidade; b) *portabilidade*, viabilizando a transferência das reservas para outro plano administrado por outra entidade de previdência, o que pressupõe a cessão de vínculo de emprego com o patrocinador; c) *resgate das contribuições do participante*, descontadas as despesas de administração do plano; e d) *autopatrocínio*, facultando ao participante manter o valor de sua contribuição e a do patrocinador, no

---

(45) Para Cazetta (2006, p. 27-29): "Mesmo quando decorre da existência, no momento da adesão, de vínculo de trabalho (ou de semelhante relação de dependência com o patrocinador, como se dá no caso de diretores não-empregados e demais membros estatutários sem vínculos empregatícios com o patrocinador), o contrato de previdência privada fechada não altera a relação trabalhista originariamente existente entre o participante e o patrocinador. [...] A autonomia do regime de previdência privada compreende não só a segregação das suas relações jurídicas e patrimoniais das que são atinentes ao regime geral, como também daquelas que decorrem dos contratos de trabalho: o regime previdenciário complementar não guarda relação de dependência com o regime geral de previdência social (inclusive, em regra, quanto à atribuição e gozo de benefícios), assim como não se subordina ou se vincula às regras que disciplinam o contrato de trabalho mantido entre o empregado (participante) e o empregador (patrocinador), cuja disciplina jurídica não altera em qualquer aspecto".

caso de perda parcial ou total da remuneração recebida, para assegurar a percepção dos benefícios nos níveis correspondentes àquela remuneração.

Note-se que tais institutos ensejam manutenção da relação com a entidade fechada mesmo sem a colaboração do patrocinador e ainda que o vínculo de emprego tenha sido extinto (com ou sem justa causa) o que não poderia ocorrer se o contrato de emprego e o contrato previdenciário fossem o mesmo. Nesse sentido, ensina Balera (2005, p. 302):

> Ressalte-se que existe a possibilidade de manutenção da qualidade de participante do indivíduo mesmo após a cessação de seu contrato de trabalho, por razões outras que não a implementação das condições para percebimento de benefícios. Ou seja, mesmo que um empregado seja desligado por justa causa, penalidade máxima a ser aplicada numa relação empregatícia, poderá continuar contribuindo com o plano de previdência privada. As partes continuarão sendo as mesmas, assim como o plano e os benefícios almejados. O trabalhador, finda a relação empregatícia, poderá optar pelo autopatrocínio, pelo resgate, pela portabilidade ou pelo *vesting*.

Sendo facultativa a adesão do participante ao plano patrocinado e havendo a manutenção da relação previdenciária, mesmo extinta a relação de emprego, não há como dizer que os contratos respectivos (de trabalho e previdenciários) seriam apenas um.

Ratificando a compreensão de que os institutos acima destacados reforçam a desvinculação e autonomia existente entre o contrato de trabalho e a relação previdenciária, assinala Pulino (2011, p. 95):

> Decorre também da desvinculação ou autonomia entre as relações de previdência privada e de trabalho — sobretudo quando se tem em mente o princípio da facultatividade do regime previdenciário complementar — a previsão de mecanismos contratuais que permitam a continuidade das próprias relações de proteção previdenciária complementar, já formadas, independentemente da sorte do contrato de trabalho, o que é particularmente relevante se considerarmos as condições reais do mercado de trabalho dos dias de hoje, em que há muito maior mobilidade nas relações de trabalho se compararmos às condições vigentes há trinta anos ou quarenta anos atrás, em que não era nada incomum haver prestação de serviços para uma mesma empresa por longos anos.

Tais mecanismos consistem nos chamados institutos do autopatrocínio, do benefício proporcional diferido e da portabilidade, previstos no art. 14

da Lei Complementar n. 109, de 2001, a serem absorvidos obrigatoriamente pelos regulamentos dos planos fechados.

Assim, pode perfeitamente ocorrer hipótese em que o participante tenha cessado seu vínculo de trabalho com a empresa patrocinadora, mas que, não obstante, caso queira, possa continuar protegido pela relação de previdência complementar, quer dentro do mesmo plano de benefícios do qual vinha já participando (hipótese na qual teria de optar pelo instituto do autopatrocínio ou do benefício proporcional diferido, previstos respectivamente no art. 14, incisos IV e I, da LC n. 109/01), quer por outro plano privado de benefícios, para o qual levaria as reservas correspondentes a seu direito acumulado (o que seria viabilizado mediante opção pelo instituto da portabilidade, previsto no inciso II do dispositivo legal que se acabou de mencionar).

Vê-se, pois, que a ideia de facultatividade da previdência privada fechada, aliada ao fato de o participante poder manter-se vinculado ao plano originário, mesmo cessado o vínculo empregatício com o patrocinador, são argumentos que confirmam a autonomia das relações jurídicas trabalhista e previdenciária.

Igualmente não merece prosperar o argumento de que o fato de o empregador, na qualidade de patrocinador, obrigar-se com o recolhimento, no todo ou em parte, de contribuições em favor das reservas administradas pela entidade fechada para a futura composição dos benefícios, faz da relação previdenciária uma mera cláusula do contrato de trabalho.

Isso porque as contribuições do patrocinador não decorrem do contrato de emprego mantido com o participante, sendo intrínsecas à relação previdenciária. Ora, além da própria Constituição Federal (no já mencionado art. 202) dizer expressamente que tais contribuições não integram o contrato de trabalho dos participantes, a CLT afasta, de maneira literal, a natureza salarial de tal utilidade arcada pelo empregador, conforme se depreende do seu art. 458, § 2º, inciso VI, a saber:

> Além do pagamento em dinheiro, compreende-se no salário, para todos os efeitos legais, a alimentação, habitação, vestuário ou outras prestações *in natura* que a empresa, por força do contrato ou do costume, fornecer habitualmente ao empregado. Em caso algum será permitido o pagamento com bebidas alcoólicas ou drogas nocivas.
>
> [...]
>
> § 2º Para os efeitos previstos neste artigo, não serão consideradas como salário as seguintes utilidades concedidas pelo empregador:

[...]

VI — previdência privada.

Percebe-se que toda a edificação jurídico-normativa estabelecida — tanto pela Constituição Federal (art. 202, § 2º) quanto pela Lei Complementar n. 109, de 2001 (art. 68) e pela própria CLT (art. 68) e a própria CLT (art. 458, § 2º, inciso VI) — adota a ideia de distinção e autonomia entre os contratos de trabalho e de previdência privada fechada.

3. COMPETÊNCIA JURISDICIONAL EM MATÉRIA DE PREVIDÊNCIA PRIVADA FECHADA

Compreendidas a relação jurídica de previdência privada fechada, na sua formação e desenvolvimento, bem como a distinção entre o contrato previdenciário e aqueles que lhes são afins, resta autorizada a incursão no objeto central de investigação do presente trabalho, qual seja: a fixação da competência jurisdicional no tocante aos conflitos em matéria de previdência privada fechada.

Para tanto, oportuna uma abordagem inicial acerca dos aspectos gerais de distribuição da competência jurisdicional, momento em que será apresentada a origem do dissenso existente em relação à fixação da competência jurisdicional em matéria de previdência privada fechada. Na sequência, buscar-se-á trazer um esboço de uma possível regra geral de enquadramento, a partir da análise do rol de competência da Justiça do Trabalho trazido pelo art. 114 da Constituição Federal, com redação dada pela Emenda Constitucional n. 45, de 2004.

Finalmente, serão apresentados os conflitos em matéria de previdência privada fechada passíveis de serem processados e julgados pela Justiça do Trabalho.

3.1. ASPECTOS GERAIS SOBRE A DISTRIBUIÇÃO DE COMPETÊNCIA JURISDICIONAL

Sabe-se ser inerente ao convívio humano em sociedade o surgimento de conflitos entre os respectivos conviventes. Tais conflitos ocorrem, sobretudo, em razão da disparidade existente entre o quantitativo limitado de bens disponíveis aos homens comparativamente à subjetividade ilimitada de suas necessidades.

Acontece que a sociedade, a despeito da absoluta inevitabilidade dos citados conflitos, não festeja sua ocorrência, dada a instabilidade que geram no relacionamento entre os homens. Por essa razão, a própria sociedade desenvolveu, ao longo dos tempos, formas variadas para solucionar os conflitos de interesses.

Dentre aludidas formas merece destaque a jurisdição, modalidade heterocompositiva de solução de conflitos desempenhada precipuamente pelo Estado, mormente por meio do Poder Judiciário, que conserva a prerrogativa de dizer o direito no caso concreto e de fazer valer, no plano dos fatos, aquilo que ficou decidido, com caráter de definitividade.

Acontece que o adequado exercício da referida prerrogativa pressupõe a necessidade de distribuição da jurisdição entre os diversos órgãos que compõem o Poder Judiciário, o que ocorrerá por meio da fixação da competência. Destarte, compreende-se por competência a medida ou parcela de jurisdição conferida a determinado órgão jurisdicional para o bom exercício de seu mister. Para Carnelutti (2000, p. 256),

> [...] a competência significa a pertinência a um ofício ou a um encarregado da potestade a respeito de uma lide ou de um negócio determinado; naturalmente, tal pertinência é um requisito de validade do ato processual, em que a potestade encontra seu desenvolvimento.

Já Chiovenda (2002, p. 183) assinala que:

> significa-se, numa primeira acepção, por "competência" de um tribunal o conjunto das causas nas quais pode ele exercer, segundo a lei, sua jurisdição; e, num segundo sentido, entende-se por competência essa faculdade do tribunal considerada nos limites em que lhe é atribuída.

Independentemente do conceito que se queira dar ao instituto processual em exame — seja sob a perspectiva de pertinência de um ofício estatal dada por Carnelutti (2000), ou de limitação da atuação do órgão judiciário, como feito por Chiovenda (2002) —, o certo é que a distribuição racional da prerrogativa jurisdicional, por meio da fixação da competência otimiza a atividade do Estado, enquanto voltada à solução dos conflitos de interesses que lhes são apresentados.

Processualmente falando, todavia, a competência do juízo nada mais é do que um pressuposto subjetivo e positivo de desenvolvimento válido do feito, cuja ausência importará na extinção do processo sem que tenha o seu mérito resolvido, conforme se extrai do art. 267, inciso IV, do Código de Processo Civil.

Cabe, entretanto, distinguir competência absoluta de competência relativa. São duas as distinções destacáveis. A primeira refere-se à possibilidade ou não de prorrogação ou modificação. Assim, tem-se que, enquanto a competência relativa se prorroga e se modifica, a absoluta, ao contrário, não admite alteração.

Quer-se dizer, pois, que, proposta uma demanda perante um juízo relativamente incompetente, a declaração de incompetência ficará adstrita à apresentação de exceção pela parte adversa. Se esta não a opuser oportunamente, o juízo que originariamente não seria competente para decidir o conflito passará a sê-lo. O mesmo não acontece com a competência absoluta, que pode ser alegada em qualquer tempo e grau de jurisdição, bem como ser reconhecida de ofício pelo juiz, independentemente de exceção, a teor do art. 113 do Código de Processo Civil.

A segunda distinção entre competência relativa e absoluta diz respeito aos critérios de distribuição. A competência relativa vale-se do lugar e do valor para ser determinada. Já a competência absoluta tem sua definição pautada nos critérios da pessoa, matéria e função.

Ressalte-se que, no curso do processo, a identificação da competência é operacionalizada a partir da observância dos elementos objetivos da ação: pedido e causa de pedir. Desse modo, será a análise do objeto central da demanda (pedido), bem como dos fatos e fundamentos sobre os quais a pretensão se sustenta (causa de pedir) que responderá à pergunta se o juízo é ou não competente para o julgamento.

Especificamente no que é pertinente à solução jurisdicional de conflitos surgidos no âmbito das relações de previdência privada fechada, a polêmica relaciona-se à definição de competência absoluta para julgamento, haja vista o dissenso em se determinar se tais conflitos, em razão da matéria, devem ser submetidos à Justiça Comum ou à Especializada Trabalhista.

3.2. DISSENSO JURISPRUDENCIAL E DOUTRINÁRIO RELACIONADO À COMPETÊNCIA JURISDICIONAL EM MATÉRIA DE PREVIDÊNCIA PRIVADA FECHADA

Afigura-se patente o dissenso jurisprudencial e doutrinário concernente à fixação da competência jurisdicional em matéria de previdência privada fechada. A raiz do problema situa-se, basicamente, na falta de compreensão acerca da natureza da relação jurídica previdenciária e sua distinção da relação de emprego que lhe é subjacente.

Por essa razão é que a discordância estabelece-se exatamente no sentido de saber se a Justiça competente para a solução dos litígios aqui aferidos será a Comum ou a Trabalhista.

Nesse diapasão, tem-se que o Tribunal Superior do Trabalho (TST) firmou-se no sentido de que a Justiça do Trabalho guarda, consigo, competência para processar e julgar os conflitos em matéria de previdência privada complementar fechada, conforme excertos a seguir colacionados:

COMPETÊNCIA DA JUSTIÇA DO TRABALHO. COMPLEMENTAÇÃO DE APOSENTADORIA. ENTIDADE PRIVADA. A jurisprudência pacífica da Corte orienta que, sendo a entidade de previdência privada e a norma garantidora, criadas pelo empregador, a complementação de aposentadoria decorre da relação de emprego, independentemente de haver-se transferido a responsabilidade pela complementação dos proventos para entidade diversa. Recurso de Embargos de que se conhece e a que se dá provimento. Vistos, relatados e discutidos estes autos de Embargos em Recurso de Revista n. TST-E-RR-1.876/2004-099-03-00.1, em que é Embargante JORGE ALMEIDA DOS SANTOS e Embargados COMPANHIA VALE DO RIO DOCE — CVRD E FUNDAÇÃO VALE DO RIO DOCE DE SEGURIDADE SOCIAL — VALIA[46].

EMBARGOS DA CAIXA — RECURSO DE REVISTA NÃO CONHECIDO — PRELIMINAR DE INCOMPETÊNCIA DA JUSTIÇA DO TRABALHO — COMPLEMENTAÇÃO DE APOSENTADORIA — NECESSIDADE DE APRECIAR A MATÉRIA À LUZ DA NOVEL ORDEM CONSTITUCIONAL — EMENDA CONSTITUCIONAL N. 45/2004. O tema da competência da Justiça do Trabalho deve ser analisado à luz do novel marco constitucional, inaugurado pela Emenda Constitucional n. 45/2004, ante a dicção do art. 87 do CPC, que preceitua que a competência material tem eficácia imediata. Assim sendo, deve-se considerar a jurisprudência desta Casa sobre a matéria, anterior à Emenda Constitucional n. 45/2004, com ponderação, sob pena de ser subvertida a vontade do poder constituinte derivado. Na redação original do art. 114 da Constituição da República, havia a necessidade de um esforço hermenêutico para compreender a expressão, *dissídios individuais e coletivos entre trabalhadores e empregadores*. Após a promulgação da Emenda Constitucional n. 45/2004, a dúvida não remanesce, pois o enfoque da fixação da competência desta Especializada foi modificado: dos litígios entre trabalhadores e empregadores para relações decorrentes da relação de trabalho. Sendo certo que o direito postulado, referente à complementação de aposentadoria devida por entidade de previdência fechada instituída pela Empregadora, está jungido ao contrato de trabalho, é competente esta Justiça Especializada para conhecer e julgar a ação, nos termos do art. 114, I, da Carta Magna. COMPLEMENTAÇÃO DE APOSENTADORIA — INCORPORAÇÃO DE GRATIFICAÇÃO DE FUNÇÃO DE CONFIANÇA Os Embargos

---

(46) BRASIL. Tribunal Superior do Trabalho. Disponível em: <http://aplicacao5.tst.jus.br/consulta unificada2/inteiroTeor.do?action=printInteiroTeor&highlight=true&numeroFormatado=RR-187600-19.2004.5.03.0099&base=acordao&numProcInt=192505&anoProcInt=2006&data Publicacao=16/03/2007 00:00:00&query=> Acesso em: 24.8.2012.

carecem do indispensével prequestionamento, a teor da Súmula n. 297 do Tribunal Superior do Trabalho. Embargos não conhecidos. (E-RR — 494148/1998.8, Rel. Min. Maria Cristina Peduzzi, DJ 24.3.2006.)[47]

A leitura dos arestos acima permite perceber que os argumentos utilizados pelo TST na fundamentação de seus julgados são todos no sentido de que a entidade fechada de previdência complementar é instituída e patrocinada pelo empregador, sendo ofertada unicamente aos seus empregados, circunstâncias que fariam da relação previdenciária uma espécie de "apêndice" do contrato de emprego.

A doutrina trabalhista também apresenta sequazes de idêntico entendimento, conforme sustentam Süssekind *et al.* (2004, p. 1.320):

> A quantidade de enunciados do TST e de orientações jurisprudenciais de sua Seção de Dissídios Individuais, versando variados aspectos da complementação de aposentadoria e de pensão, bem dá conta da inexistência de qualquer óbice competencial para a Justiça do Trabalho conhecer das ações concernentes ao tema. E é certo que assim seja porque a promessa de complementar é nata do contrato de trabalho e, em razão dele, obrigações residuais são projetadas para além de sua vigência. A participação do empregador no custeio do sistema, mediante contribuições paritárias ou não, se dá apenas em decorrência do contrato de trabalho. A vinculação empregatícia com o criador é condição para existência da criatura.

Em contrapartida, o Superior Tribunal de Justiça (STJ) segue trilha diversa, compreendendo que os conflitos em matéria de previdência privada fechada seriam da competência da Justiça Comum:

> CONSTITUCIONAL. PREVIDENCIÁRIO. FERROVIÁRIOS APOSENTADOS. PREVIDÊNCIA COMPLEMENTAR. ENTIDADE DE PREVIDÊNCIA FECHADA. AÇÃO REVISIONAL DE BENEFÍCIOS. COMPETÊNCIA.
>
> — A obrigação de pagamento de aposentadoria previdenciária complementar é da entidade de previdência fechada a que está vinculado o servidor aposentado.
>
> — Sendo as instituições de previdência fechada entidades de direito privado, compete à Justiça Comum do Estado processar e julgar ações revisionais de aposentadoria complementar.

---

(47) BRASIL. Tribunal Superior do Trabalho. Disponível em: <http://aplicacao5.tst.jus.br/consulta unificada2/inteiroTeor.do?action=printInteiroTeor&highlight=true&numeroFormatado=RR — 494148-76.1998.5.01.5555&base=acordao&numProcInt=85010&anoProcInt=1998&data Publicacao=24/03/2006 00:00:00&query=> Acesso em: 24.8.2012.

— Conflito conhecido. Competência da Justiça Estadual. (CONFLITO DE COMPETÊNCIA N. 8.450-4/PE — REG. 94.0010663-7, Relator: Ministro Vicente Leal)[48]

CONFLITO DE COMPETÊNCIA. COMPLEMENTAÇÃO DE APOSENTADORIA.

Se o pedido de complementação de aposentadoria é endereçado contra entidade de previdência privada, e não contra o empregador, a competência é da Justiça Estadual. Conflito conhecido para declarar competente o MM. Juiz de Direito da 3ª Vara Cível de Nova Iguaçu, RJ (CC n. 25.060/RJ, 2ª Seção, Relator: Ministro Ari Pargendler, DJ 27.3.2000)[49]

Acompanhando o posicionamento do STJ, alude Cazetta (2006, p. 93):

> Pela natureza da relação jurídica que se forma entre participantes, patrocinadores e entidades fechadas de previdência complementar, e por sua autonomia em relação ao contrato de trabalho (art. 202, § 2º, da Constituição), todas as questões eventualmente havidas entre as partes, em conjunto ou em demandas bilaterais, devem ser resolvidas na esfera da Justiça Comum.

No mesmo sentido, assinala Correia (2004, p. 439-440):

> Ora, não há como confundir a relação previdenciária com a relação trabalhista, vez que o contrato fundante desta última tem como objeto a prestação do serviço contratado e é regido pelas normas trabalhistas, diferente do objeto do contrato que funda a relação previdenciária.

Uma das principais consequências da diferenciação supradescrita é a fixação da competência jurisdicional para a solução de conflitos referentes a tais matérias. Assim, ao determinar que as relações previdenciárias não são relações de trabalho, o legislador acaba por determinar que o foro adequado para a solução de conflitos referentes a assuntos previdenciários é a Justiça Comum, e não a Justiça do Trabalho.

O nível da controvérsia chegou a tal ponto que o Supremo Tribunal Federal posicionou-se de ambos os lados: ora determinando a competência da Justiça do Trabalho para causas que envolvam matéria de previdência privada complementar fechada, ora fixando a Justiça Comum como o juízo competente, a saber:

> AGRAVO REGIMENTAL NO AGRAVO DE INSTRUMENTO. CONSTITUCIONAL. COMPLEMENTAÇÃO DE APOSENTADORIA. COMPETÊNCIA DA JUSTIÇA DO TRABALHO. AGRAVO REGIMENTAL AO QUAL SE NEGA PROVIMENTO.

---

(48) BRASIL. Superior Tribunal de Justiça. Disponível em: <http://www.stj.jus.br/webstj/processo/Justica/detalhe.asp?numreg=199400106637&pv=010000000000&tp=51> Acesso em: 24.8.2012.

(49) BRASIL. Superior Tribunal de Justiça. Disponível em: <http://www.stj.jus.br/webstj/processo/Justica/detalhe.asp?numreg=199900090780&pv=010000000000&tp=51> Acesso em: 24.8.2012.

1. A jurisprudência do Supremo Tribunal Federal firmou-se no sentido de que compete à Justiça do Trabalho o julgamento das questões relativas à complementação de aposentadoria, quando decorrentes de contrato de trabalho.

2. As questões sobre a ocorrência de prescrição e o direito às diferenças pleiteadas demandariam o exame da legislação infraconstitucional e de cláusulas do regulamento pertinente.

3. Imposição de multa de 5% do valor corrigido da causa. Aplicação do art. 557, § 2º c/c art. 14, inc. II e III, e 17, inc. VII, do Código de Processo Civil. (AgrRegAgrInst 702.330-6/BA, Relatora: Min Cármen Lúcia, 1ªTurma, DJ 11.11.2008)[50]

AGRAVO REGIMENTAL NO AGRAVO DE INSTRUMENTO. CONSTITUCIONAL. COMPLEMENTAÇÃO DE APOSENTADORIA. PREVIDÊNCIA PRIVADA. COMPETÊNCIA PARA PROCESSAR E JULGAR O FEITO. JUSTIÇA COMUM. AGRAVO IMPROVIDO.

I — A jurisprudência desta Corte firmou-se no sentido de que compete à Justiça Comum o julgamento de causa que verse sobre complementação de aposentadoria, por não decorrer essa complementação de contrato de trabalho. Precedentes.

II — Agravo regimental improvido. (AgrRegAgrInst 732.170-9/SC, Relator: Min Ricardo Lewandowski, 1ªTurma, DJ 25.8.2009)[51]

O assunto fez- se tão relevante que o STF reconheceu a existência de repercussão geral da questão constitucional suscitada, no que tange à competência para processar e julgar matéria de previdência complementar privada, conforme se percebe no voto da relatora Ministra Ellen Gracie, prolatado no processo n. 586.453-7/SE[52].

É bem provável, todavia, que o Supremo Tribunal Federal, como sói acontecer nos julgados em matéria de competência, firme posicionamento genérico, não se atentando para as nuanças da relação previdenciária, que pode conduzir o conflito tanto para a Justiça Comum (regra geral) como para a Justiça do Trabalho (excepcionalmente), o que não esgotará de modo nenhum as reflexões advindas do presente trabalho.

Destarte, reconhecendo a enorme controvérsia existente sobre o tema em esboço, buscar-se-á nas linhas que seguem analisar o rol de competência da Justiça do Trabalho trazido pela Emenda Constitucional n. 45, de 2004, que modificou o art. 114 constitucional para, a partir daí, poder-se apre-

---

(50) BRASIL. Supremo Tribunal Federal. Disponível em: <http://www.stf.jus.br/portal/processo/verProcessoAndamento.asp?incidente=2594827> Acesso em: 24.8.2012.
(51) BRASIL. Supremo Tribunal Federal. Disponível em: <http://www.stf.jus.br/portal/processo/verProcessoAndamento.asp?incidente=2647526> Acesso em: 24.8.2012.
(52) BRASIL. Supremo Tribunal Federal. Recurso extraordinário n. 586.453-7/SE, Relatora: Min. Ellen Gracie, DJ 11.9.2009. Disponível em <http://www.stf.jus.br/portal/processo/verProcessoAndamento.asp?incidente=2616941> Acesso em: 24.8.2012.

sentar uma regra geral de enquadramento, autorizando, por conseguinte, o estudo de possíveis exceções.

3.3. Análise de abrangência da competência trabalhista trazida pela Constituição Federal de 1988

A tarefa de identificar o órgão jurisdicional incumbido de solucionar os conflitos em matéria de previdência privada fechada passa, necessariamente, pela análise do rol de competência da Justiça do Trabalho.

Obviamente que não será aqui realizada uma incursão aprofundada em todo o conjunto de conflitos passíveis de serem solucionados perante a Justiça do Trabalho. A investigação centrar-se-á, especificamente, em um possível enquadramento dos litígios em matéria de previdência privada fechada na competência da Especializada Trabalhista.

Para tanto, faz-se necessária uma aferição da abrangência da competência da Justiça do Trabalho trazida pelo art. 114 constitucional antes e depois das alterações introduzidas pela Emenda Constitucional n. 45, de 2004.

3.3.1. Extensão da competência trabalhista diante da interpretação prevalente na redação originária do art. 114 da Constituição Federal

Para uma melhor compreensão da problemática suscitada, é preciso um breve retorno ao texto originário da Constituição de 1988, anteriormente à vigência da Emenda Constitucional n. 45, de 2004. Com efeito, quando da sua edição, o art. 114 constitucional possuía a seguinte redação:

> Compete à Justiça do Trabalho conciliar e julgar os dissídios individuais e coletivos **entre trabalhadores e empregadores**, abrangidos os entes de direito público externo e da administração pública direta e indireta dos Municípios, do Distrito Federal, dos Estados e da União, **e, na forma da lei, outras controvérsias decorrentes da relação de trabalho**, bem como os litígios que tenham origem no cumprimento de suas próprias sentenças, inclusive coletivas. (Grifo nosso)

Uma atenta leitura do texto normativo permite concluir que a competência trabalhista, em princípio, acolhia tão somente conflitos estabelecidos entre *trabalhadores* e *empregadores*.

Nesse particular, abre-se um parêntese para reforçar ser pacífica a diferença existente entre *relação de trabalho* e *relação de emprego*. Trata-se, na verdade, de uma distinção entre gênero e espécie, na medida em que a relação de trabalho compreende toda e qualquer atividade de dispêndio de energia de trabalho que uma pessoa natural faz em favor de outrem. Já a relação de emprego é uma modalidade de relação de trabalho, na qual um trabalhador pessoa natural dedica de maneira pessoal, subordinada e não eventual sua força de trabalho em troca de uma contraprestação.

Quer-se dizer, pois, que um determinado trabalhador pode despender sua força de trabalho, onerosa ou gratuitamente, a inúmeros e diferentes tipos de tomadores. Entretanto, a partir do momento em que o trabalho despendido favorece um empregador — que o recebe de maneira pessoal, subordinada, não eventual e onerosa — tal trabalhador torna-se empregado e a relação de trabalho passa a consubstanciar-se em uma de suas espécies, qual seja: na relação de emprego.

Feita a distinção, resta intuitiva a compreensão de que a Justiça do Trabalho, segundo o texto originário da Constituição Federal, somente se inclinava em solucionar conflitos atinentes à relação de emprego, já que a redação do art. 114 era reducionista, limitando a abrangência da competência laboral aos litígios entre trabalhadores e empregadores, estes sujeitos passivos de uma dada relação de emprego.

Acontece que a parte final do mesmo art. 114 acenava para uma possível ampliação da competência trabalhista, ao permitir que a Especializada Laboral pudesse, na *forma da lei*, conciliar e julgar *outras controvérsias decorrentes da relação de trabalho*.

Destarte, o texto da norma tratou expressamente do gênero *relação de trabalho* (e não apenas da espécie relação de emprego), porém vinculou a competência à necessária edição de uma lei que atribuísse à Justiça do Trabalho tal medida de jurisdição. Era o que ocorria, por exemplo, com as lides que envolviam trabalho avulso e pequena empreitada, relações de trabalho que, embora não se enquadrem no conceito de relação de emprego, já tinham seus conflitos solucionados no âmbito da Especializada Trabalhista mesmo antes da Emenda Constitucional n. 45, de 2004, por força dos arts. 643 e 652, alínea "a", inciso III, da CLT[53][54].

(53) Art. 643 da CLT: "Os dissídios, oriundos das relações entre empregados e empregadores bem como de trabalhadores avulsos e seus tomadores de serviços, em atividades reguladas na legislação social, serão dirimidos pela Justiça do Trabalho, de acordo com o presente Título e na forma estabelecida pelo processo judiciário do trabalho".
(54) Art. 652 da CLT: "Compete às Juntas de Conciliação e Julgamento: a) conciliar e julgar: [...] III — os dissídios resultantes de contratos de empreitadas em que o empreiteiro seja operário ou artífice".

Em resumo, tem-se que o texto originário do art. 114 da Constituição Federal indicava dois momentos em que a Justiça do Trabalho poderia atuar: um primeiro relacionado aos dissídios individuais estabelecidos entre trabalhadores e empregadores, portanto concernentes à relação de emprego (espécie); e um segundo que envolvia outras controvérsias decorrentes da relação de trabalho (gênero), desde que, nesse caso, uma lei fosse editada conferindo tal competência à Especializada Trabalhista. Inexistindo a lei, a competência residual seria da Justiça Comum.

3.3.2. Aparente incongruência gerada pela inclusão dos incisos I e IX no art. 114 da Constituição Federal pela Emenda Constitucional n. 45, de 2004

O constituinte reformador, com a pretensão de alargar o rol de competência da Justiça do Trabalho, introduziu, no final de 2004, nove incisos no art. 114 da Constituição, assim o fazendo por meio da Emenda Constitucional n. 45, de dezembro daquele ano.

Merecem destaque, aqui, as redações dos incisos I e IX do art. 114, que dispõem, respectivamente:

Compete à Justiça do Trabalho processar e julgar:

I — as ações oriundas da relação de trabalho, abrangidos os entes de direito público externo e da administração pública direta e indireta da União, dos Estados, do Distrito Federal e dos Municípios;

[...]

IX — outras controvérsias decorrentes da relação de trabalho, na forma da lei.

Diferentemente do que dispunha o texto originário do mencionado art. 114, a Emenda Constitucional n. 45, de 2004 não mais tratou, em nenhum dos dois incisos destacados, da espécie *relação de emprego*, referindo-se, em ambos, à expressão *relação de trabalho*, que, como visto, refere-se ao gênero.

A Justiça do Trabalho passou, portanto, a dirimir não apenas aqueles conflitos concebidos no âmbito da relação subordinada de trabalho (relação de emprego), mas também aqueles estabelecidos em relações de trabalho correlatas ou afins, como é o caso do trabalho autônomo, do trabalho eventual, do trabalho voluntário, da representação comercial, do mandato, da agência e distribuição, da corretagem, do estágio, etc.[55]

O problema hermenêutico gerado sobressai, todavia, não no tocante à abrangência da expressão relação de trabalho (esta já definida pela consagrada doutrina), mas especialmente pelo fato de o constituinte reformador haver mencionado tal expressão tanto no inciso I do art. 114 como no seu inciso IX, sendo certo que no primeiro inciso atribuiu à Justiça do Trabalho competência para as ações oriundas da relação de trabalho e no derradeiro inciso disse que outras controvérsias decorrentes da relação de trabalho também poderiam ser atribuídas à Especializada Laboral, desde que a lei assim determinasse.

A repetição da expressão *relações de trabalho* em dois incisos distintos de um mesmo artigo trouxe à tona um aparente paradoxo. Teria sido um equívoco do constituinte? A previsão contida no inciso IX do art. 114 já estaria contida no seu inciso I? Pode-se visualizar algum conteúdo no inciso IX do art. 114?

À luz de todas essas indagações, duas foram as soluções interpretativas dadas para determinar os limites de competência da Justiça do Trabalho trazidos pelos incisos I e IX do art. 114 da constituição: uma no sentido de que teria havido um equívoco do constituinte reformador e outra em direção a uma distinção de abrangência e conteúdo existentes entre os citados dispositivos constitucionais.

3.3.2.1. Suposto equívoco do constituinte reformador: ausência de conteúdo no inciso IX do art. 114 constitucional

Uma análise perfunctória do art. 114, inciso IX, da Constituição Federal, pode levar a uma arriscada solução hermenêutica para o problema de

---

(55) Acerca do tema, Maurício Godinho Delgado (2009, p. 57), em palestra proferida no 2º seminário nacional sobre a ampliação da competência da Justiça do Trabalho, assim ensinou: "no tocante à expressão 'relações de trabalho', contida no inciso I do novo art. 114, é indubitável que houve ampliação da competência judicial trabalhista pela EC n. 45/2004. É muito clara a intenção constitucional de estender a competência da Justiça do Trabalho no inciso I para algo mais amplo do que a relação de emprego. Nessa medida, em princípio, regra geral, todas as relações de trabalho se enquadram na competência da Justiça do Trabalho: relações de trabalho autônomo, relações de trabalho eventual, relações de trabalho ainda que reguladas por diploma jurídico específico estranho ao Direito do Trabalho e ao próprio Direito Civil. Embora existam debates na jurisprudência, especialmente a respeito da ocorrência ou não de exceções a essa ampliação, a regra geral da Carta Magna tem sido firmemente aceita: de modo geral, relações de trabalho não empregatícias encontram-se sob o âmbito da competência de nossa Justiça Especializada desde dezembro de 2004".

congruência interna no rol de competência trabalhista. Tal solução consubstanciar-se-ia simplesmente em negar conteúdo ao mencionado inciso, sob o argumento de que o legislador constituinte teria cometido um equívoco e, inadvertidamente, produzira no mesmo artigo (114) uma previsão (inciso IX) que já estaria contida em outra (inciso I).

Em trabalho escrito e publicado logo após o advento da Emenda Constitucional n. 45, de 2004, Arnaldo Süssekind (2005, p. 20) chegou a afirmar que:

> O novo art. 114, contém uma contradição, por nós anteriormente apontada, porque o inciso I inclui na competência da Justiça do Trabalho as ações oriundas da relação de trabalho — todas, portanto — entretanto, no inciso IX, refere outras controvérsias decorrentes da relação de trabalho, na forma da lei.

Afigura-se-nos que o inciso IX "choveu no molhado", porquanto, havendo ou não lei especial afirmando a competência da Justiça do Trabalho para conhecer de litígio sobre qualquer modalidade de relação de trabalho, essa competência está afirmada no inciso I.

Süssekind (2005) sustentou, em outras palavras, que o constituinte reformador teria se equivocado, na medida em que o inciso I do art. 114 já seria suficiente para atrair ao âmbito da Justiça do Trabalho todas as ações oriundas da relação de trabalho, sendo desnecessário, portanto, que o inciso IX do citado artigo conferisse à lei opção de introduzir naquela Especializada outras controvérsias decorrentes da mesma relação.

Um pouco menos extremo do que Süssekind (2005), mas reconhecendo a dificuldade interpretativa dos incisos I e IX do art. 114 constitucional, reverberou Otávio Brito Lopes (2005 p. 371):

> Não é tarefa fácil interpretar o inciso IX do art. 114 da Constituição Federal. Se, por força do inciso I do art. 114, compete à Justiça do Trabalho processar e julgar todas as causas oriundas da relação de trabalho, fica realmente difícil imaginar que outras controvérsias decorrentes da relação de trabalho não estariam abrangidas pela regra geral e precisariam da intermediação do legislador infraconstitucional para integrar o rol daquelas apreciadas pela Justiça Especializada.

Acontece que uma adequada hermenêutica constitucional não permite soluções simplistas capazes de "esvaziar" por completo o conteúdo de uma previsão constitucional, tal como fizeram os autores acima apontados.

É preciso ter em mente que a Constituição — dada ao caráter aberto de suas previsões, aliado à ideia de supremacia e unidade constitucionais — desafia do intérprete uma postura hermenêutica diferenciada.

Deve a Constituição, portanto, ser lida a partir de critérios interpretativos próprios. O primeiro desses critérios que merece ser destacado é o da *concordância prática* ou *harmonização* dos preceitos constitucionais. Pautado na premissa de que os bens jurídicos veiculados no texto constitucional possuem igual valor, tal critério impõe a combinação de bens de modo a evitar que uns venham a ser totalmente sacrificados em relação a outros.

Para Müller (2005, p. 77-78), "A concretização[56] não deve atribuir globalmente, no sentido da 'ponderação', o primado de uma norma e fazer a outra 'recuar' para o segundo plano', de forma igualmente global". Já Canotilho (1993, p. 228) assinala que:

> Subjacente a este princípio (concordância prática) está a ideia do igual valor dos bens constitucionais (e não uma diferença de hierarquia) que impede, como solução, o sacrifício de uns em relação aos outros, e impõe o estabelecimento de limites e condicionamentos recíprocos de forma a conseguir uma harmonização ou concordância prática entre eles.

Desse modo, não se pode conceber que uma previsão seja completamente sacrificada em festejo a outra de igual envergadura jurídica, mormente quando tal sacrifício tenha como "pano de fundo" um argumento de equívoco do constituinte reformador.

Outro critério hermenêutico que também não pode ser esquecido é o da *força normativa da constituição*, segundo o qual, "na solução de problemas de direito constitucional deve-se dar preferência aos pontos de vista que 'promovam sob os respectivos pressupostos a eficácia ótima da constituição normativa'" (MÜLLER, 2005, p. 78).

Assim, não se pode conceber uma previsão constitucional inteiramente desprovida de conteúdo normativo, como se fora "letra morta", carente de substância jurídica. É, portanto, preceito de adequada interpretação constitucional a premissa de que a Constituição não traz em si palavras inúteis.

Destarte, interpretando os citados incisos do art. 114 constitucional por meio de uma visão hermenêutica adequada, em especial levando em

---

(56) Saliente-se que Müller fala em concretização porque, para ele, a interpretação só tem sentido se voltada à concretização de seus preceitos. Juntamente com Müller, também entendem que interpretar é concretizar Canotilho (1993, p. 201-202) e Hesse (1998, p. 61).

conta o efeito integrador da Constituição e a força normativa que lhe é inerente, parece ser inafastável a conclusão de que o inciso IX não está contido no inciso I, mas, ao revés, é dotado de significado jurídico específico, com abrangência e finalidade próprias.

3.3.2.2. Diferença de significado e abrangência entre os incisos I e IX do art. 114 da Constituição: oriundo versus decorrente

Outra solução para a aparente antinomia existente entre os incisos I e IX do art. 114 da Constituição é visualizar neles diferentes significados. Para tanto, o uso da hermenêutica tradicional pode ser de grande valia.

Neste particular, torna-se oportuno salientar que a exigência de uma interpretação constitucional a partir de mecanismos diferenciados, tal como acima sustentado, não resulta, por si, o total abandono dos métodos tradicionais de interpretação. Trata-se, na verdade, de um balizamento de tais métodos com as particularidades das normas constitucionais.

Assim, os pilares da solução interpretativa para a aparente antinomia existente entre os sobreditos preceitos constitucionais podem ter no método *linguístico* ou *gramatical* um excelente alicerce.

Isso porque a interpretação gramatical dos incisos I e IX do art. 114 constitucional permite visualizar uma diferença semântica entre os vocábulos *oriundo* e *decorrente*.

Segundo o dicionário Houaiss da língua portuguesa: **oriundo**, do latim *oriundus ,a, um*, significa originário. Já **decorrente**, do latim *decurrens,ntis*, significa que se segue; consequente (HOUAISS; VILLAR, 2009).

Assim, os conflitos que têm sua origem direta (nasceram ou são oriundos) no vínculo trabalhista serão dirimidos pela Justiça do Trabalho, com fundamento no art. 114, inciso I, da Constituição, norma de plena eficácia. Ao revés, aqueles conflitos que se atrelam apenas de maneira indireta ao vínculo trabalhista (decorrem ou são consequência), somente serão dirimidos na Justiça do Trabalho mediante a existência de um regramento infraconstitucional que confira à Especializada Laboral tal atribuição, à luz do que determina o inciso IX do citado art. 114 da Constituição. Corroborando com esse entendimento, Lélio Bentes Correa (ano, p. 303) ensina que:

> Não é admissível, portanto, que ao inciso IX do art. 114 se empreste interpretação que frustre o intuito inovador emanado do inciso I, condenando

a alteração introduzida no seu texto à inocuidade. A admitir-se, porém, que o inciso I outorgou competência à Justiça do Trabalho para processar e julgar todas as ações oriundas da relação de trabalho, que sentido se poderia conferir ao inciso IX? Que controvérsias decorrentes da relação do trabalho sobejariam?

Poder-se-ia recorrer ao método literal para pretender distinguir as expressões, "ações oriundas das relações de trabalho", constante do inciso I e "controvérsias decorrentes da relação de trabalho", constante do inciso IX. Enquanto a primeira locução indica gênese, nascimento e, portanto, uma vinculação direta com a relação de trabalho, a segunda poderia ser tomada como sugestiva da consequência e, portanto, de uma vinculação indireta com a relação de trabalho. Haveria, assim, conflitos que, conquanto não tenham origem primária na relação de trabalho, dela decorrem, ainda que indiretamente. Sua inclusão na competência da Justiça do Trabalho estaria autorizada, mediante lei ordinária.

Os conflitos oriundos da relação de trabalho seriam aqueles concebidos a partir do descumprimento das obrigações entabuladas no próprio vínculo. Exemplos de tais litígios, em se tratando de contrato de emprego, poderiam ser identificados no atraso salarial, na não concessão de férias, na recalcitrância de anotação de carteira profissional, entre outros.

Já as outras controvérsias decorrentes da relação de trabalho poderiam ser exemplificadas nos litígios que envolvem ação regressiva de empresa sucessora contra sucedida em virtude de cláusula de não responsabilização[57] ou naqueles concernentes à previdência privada fechada.

Como se percebe, o inciso IX do art. 114 constitucional seria uma espécie de cláusula de abertura, conferindo ao legislador infraconstitucional a possibilidade de, por meio de lei, ampliar ainda mais o rol de competência trabalhista, incluindo conflitos indiretos que, a princípio, não poderiam ser enquadrados nos demais incisos do mencionado artigo.

Outrossim, permite-se afirmar que o citado inciso IX teria sido concebido com "olhares para o futuro", na medida em que autoriza a inserção de conflitos trabalhistas que, embora não possam ser visualizados hodiernamente, poderão surgir posteriormente, sobretudo diante das inovações tecnológicas e informacional que cada vez mais permeiam as relações de trabalho.

---

(57) Tais litígios ocorrem quando a empresa sucessora, invocando cláusula de não responsabilização firmada com a sucedida por ocasião de sua aquisição, reclama regressivamente o pagamento de verbas trabalhistas que teve que arcar em relação a período anterior à consumação da sucessão. Tal cláusula, apesar de não ser oponível aos trabalhadores, prevalece entre as empresas signatárias.

Em síntese, acredita-se que identificar conteúdo próprio nos preceitos constitucionais analisados, a ponto de lhes conferir aplicabilidade prática, enaltecendo o efeito integrador nas normas constitucionais, bem como sua força normativa, compreende a melhor opção hermenêutica para a problemática suscitada.

3.4. A COMPETÊNCIA DA JUSTIÇA COMUM COMO REGRA GERAL DE FIXAÇÃO PARA SOLUÇÃO DE CONFLITOS EM MATÉRIA DE PREVIDÊNCIA PRIVADA FECHADA

Partindo-se da vertente interpretativa que reconhece uma diferença de conteúdo e abrangência entre os incisos I e IX do art. 114 constitucional, empreende-se doravante a tentativa de fixar uma regra geral de competência para a solução dos conflitos em matéria de previdência privada fechada.

Com efeito, restou fortemente evidenciada a existência de uma distinção entre o contrato de trabalho e o negócio jurídico previdenciário privado fechado, não se podendo dizer que a entidade de previdência seria uma sucursal do empregador, tampouco que o fato de os planos de benefícios restringirem-se aos empregados do patrocinador faria do vínculo previdenciário uma espécie de cláusula do contrato de trabalho.

Desse modo, não se pode dizer que o contrato de previdência privada fechada teria sua origem na relação de trabalho que o antecede. Até porque, como visto em linhas anteriores, o empregado não é obrigado a vincular-se ao plano previdenciário privado de benefícios, não sendo suas contribuições ou as de seu empregador obrigações nascidas no contrato de trabalho.

O contrato de previdência não surge do contrato de trabalho, mas de vínculo autônomo, concebido a partir de adesão facultativa do patrocinador (empregador) à entidade, mediante convênio específico em relação a cada plano; e ulterior vinculação do participante (empregado) ao plano ofertado, que a este se une por livre opção.

Reforce-se que o contrato previdenciário depende de um convênio de adesão firmado entre o patrocinador e a entidade previdenciária, seguido de uma facultativa inserção do empregado participante no respectivo plano, que dele pode sair quando quiser, ou até mesmo manter-se vinculado ainda que o contrato laborativo já tenha sido desfeito, por meio do instituto do autopatrocínio previsto no art. 14, inciso IV, da Lei Complementar n. 109, de 2001.

Traçando um paralelo exemplificativo e eloquente, pode-se comparar o contrato de previdência privada fechada ao plano de saúde corporativo oferecido pelo empregador aos seus empregados.

É comum determinadas empresas celebrarem convênios com operadoras de plano de saúde para ofertá-los aos empregados, que aderem facultativamente, e, na maioria das vezes, custeiam o plano em conjunto com o empregador.

Tal benefício, no entanto, constitui utilidade não salarial, como se depreende do art. 458, § 2º, inciso IV, da Consolidação das Leis do Trabalho, que declara expressamente não possuir escopo de salário a "assistência médica, hospitalar e odontológica, prestada diretamente ou mediante seguro-saúde".

Assim como acontece com o contrato previdenciário privado fechado, o plano de saúde coorporativo também depende de duas manifestações de vontade autônomas. Uma da empresa em relação à operadora de plano de saúde. Outra do empregado para com a benesse ofertada pelo empregador, que a disponibiliza exclusivamente àqueles que integram o seu quadro funcional e, nem por isso, diz-se ser o plano de saúde uma cláusula do contrato de trabalho, ou a operadora, uma sucursal do empregador.

Tanto assim é verdade que, se por acaso certo trabalhador (signatário de um plano de saúde corporativo) entrar em conflito com a operadora em virtude da negativa de autorização para consecução de uma intervenção cirúrgica, por exemplo, não será na Justiça do Trabalho que o obreiro irá procurar amparo, mas na Justiça Comum estadual, na condição de contratante do plano hospitalar.

Não tendo origem na relação de trabalho, equivocado dizer que os conflitos em matéria de previdência privada fechada estariam inseridos naqueles trazidos pelo inciso I do art. 114 da Constituição Federal, que somente alcança os litígios diretamente ligados ao vínculo laborativo.

Resulta concluir, portanto, que, como regra, os conflitos em matéria de previdência privada fechada estariam sujeitos à solução da Justiça Comum, dada sua autonomia do contrato de trabalho.

Por outro lado, não se pode negar que a relação previdenciária privada fechada — considerando o fato de a entidade fechada poder ser constituída pelo empregador e seus planos somente serem acessíveis aos empregados do patrocinador, o qual contribui para a formação das reservas — sem dúvida conserva convívio indireto com o contrato de emprego (dele decorre).

Sendo o contrato previdenciário consequência do contrato de trabalho, poderiam os conflitos em matéria de previdência privada fechada ser dirimidos pela Justiça do Trabalho, com base no inciso IX do art. 114 constitucional, desde que, por força de lei ordinária, houvesse previsão nesse sentido. Inexistindo a lei, a competência seria da Justiça Comum.

Frise-se que o inciso IX do art. 114 da Constituição Federal, que confere à Justiça do Trabalho competência para dirimir outras controvérsias decorrentes da relação de trabalho, é norma que depende da edição de lei infraconstitucional para que produza plenamente os seus efeitos. Na ausência da lei, não se pode dizer que os conflitos em matéria de previdência privada fechada poderiam ser enquadrados no aludido inciso constitucional para solução perante a Especializada Trabalhista.

Isso não quer dizer, todavia, que o legislativo não possa tomar a iniciativa de editar lei capaz de conferir à Justiça do Trabalho a competência ora em estudo. Trata-se, pois, de cláusula aberta, passível de "oxigenação" pelo legislador ordinário. Contudo, não existindo a lei, como de fato não existe, os litígios em matéria de previdência privada fechada perdem respaldo do art. 114 da Constituição Federal, o que acaba por lhes relegar à competência da Justiça Comum.

Em síntese, sustenta-se que, como regra geral, os conflitos em matéria de previdência privada fechada não podem ser capitulados no rol de competência da Justiça do Trabalho trazido pelo inciso I do art. 114 constitucional, posto que não nasceram no correlato contrato de trabalho. Todavia, por serem consequência da vinculação trabalhista, a edição de lei ordinária estaria apta a inserir citados conflitos perante a Especializada Laboral, com alicerce no inciso IX do mesmo artigo constitucional.

Nada obstante a regra geral acima firmada (de ausência de competência direta da Justiça do Trabalho em matéria de previdência privada fechada), alguns conflitos, a depender do pedido e da causa de pedir, estariam aptos ao enquadramento no art. 114, inciso I, da Constituição Federal. Frise-se que tais litígios seriam exceção, e não regra.

3.5. Conflitos em matéria de previdência privada fechada passíveis de serem enquadrados no rol de competência da Justiça do Trabalho

Tal como visto anteriormente, sustenta-se neste trabalho que a regra geral de enquadramento da competência jurisdicional para a solução de conflitos em matéria de previdência privada fechada é da Justiça Comum. Isso porque, em princípio, viu-se que o vínculo de previdência privada não nasce no contrato de trabalho mantido entre o participante e o patrocinador, de sorte que o litígio previdenciário não poderia ser tido como oriundo da relação de trabalho, afastando sua inserção no inciso I do art. 114 da Constituição Federal.

Na verdade, o conflito previdenciário seria, sim, consequência do contrato de trabalho celebrado entre o patrocinador e o participante, permitindo sua inclusão no inciso IX do art. 114 constitucional, o qual, entretanto, somente apresenta— se passível de produzir efeitos diante da existência de uma lei infraconstitucional que lhe confira plena eficácia, a qual, até o presente momento, não foi editada, culminando com a competência da Justiça Comum para a solução dos litígios ora em estudo.

No entanto, existem conflitos que, de maneira excepcional, seriam passíveis de enquadramento no rol de competência da Justiça do Trabalho, eis que diretamente ligados à relação de emprego, conforme será visto nas linhas que seguem.

3.5.1. Compromissos assumidos pelo empregador antes da edição da Lei n. 6.435, de 1977

No item 1.2.2 do presente trabalho, realizou-se um breve levantamento teórico acerca da evolução histórico-normativa da previdência privada no Brasil, ocasião em que se atribuiu aos antigos montepios a origem das atuais entidades de previdência privada, para os quais se vertiam numerários a fim de assegurar o pagamento de pecúlios e pensões.

Ocorreu que, em paralelo aos montepios, os próprios empregadores passaram a efetivamente complementar os benefícios do regime previdenciário oficial, especialmente no tocante a aposentadorias e pensões, como se fora uma obrigação nascida no contrato de trabalho.

Tratava-se, portanto, de benesse concedida pelo empregador como uma espécie de ampliação da política de recursos humanos do empreendimento empresarial, voltada a atrair e a manter empregados que, por receberem salário acima do limite de contribuição ao regime de previdência oficial, acabariam por sofrer uma redução considerável no seu padrão de vida ou no de sua família após a jubilação ou morte.

A empresa passava a se preocupar com a questão previdenciária de seus empregados e estes, igualmente, imbuídos da necessidade de resguardo em face das incertezas do porvir, também passaram a buscar empregadores que pudessem lhes assegurar garantias de manutenção do padrão de vida quando da inatividade ou falecimento. Tal preocupação é, inclusive, destacada por Póvoas (2007, p. 97):

> A consideração, no processo da vida da empresa, dos interesses das forças sociais, certamente, já vem da revolução industrial, só que na empresa moderna, tal consideração, resultando da mentalização do empresário acerca do papel da empresa no processo socioeconômico da nação, e da conscientização do elemento humano nos seus direitos e obrigações, face à empresa, conseguiu irmanar dirigentes e dirigidos na preocupação da sobrevivência da empresa, face às constantes oscilações conjunturais.

A insegurança passou a dominar as preocupações dos empregados e dos empregadores. E porque o sistema de segurança social apenas atende ao essencial da subsistência do pessoal quando em inatividade, começaram a procurar esquemas suplementares previdenciários que, muitas vezes, se sobrepuseram em dissídios coletivos ao próprio problema dos salários.

Complementar a renda dos empregados, quando da inatividade; ou de seus dependentes, nos casos de morte, era obrigação imprescindível em parte considerável dos contratos de trabalho, cuja celebração já trazia, no termo respectivo, a previsão de subsídio empresarial capaz de manter o padrão de vida do empregado, diante das mencionadas contingências sociais.

Importante destacar que a complementação de aposentaria e pensão implementadas pelo empregador — como era denominada a prática acima mencionada — prevaleceu em momento anterior à edição da Lei n. 6.435, de 1977, hoje revogada pela Lei Complementar n. 109, de 2001.

Isso porque o legislador de 1977, já no art. 1º da citada lei, concebeu juridicamente às entidades de previdência privada, atribuindo-lhes a incumbência de instituir planos de pecúlio ou de renda, ou ainda de benefícios complementares ou assemelhados aos da previdência oficial, vinculando a constituição e organização de tais entidades à autorização do Governo Federal, a teor do art. 2º da mesma lei.

Quer-se dizer, pois, que a partir da edição da Lei n. 6.435, de 1977, somente as entidades de previdência privada passaram a possuir aptidão para instituir os planos de benefícios que antes eram ofertados pelo próprio empregador. Destarte, as até então complementações de aposentadoria e pensão desvincularam-se do contrato de trabalho e se inseriram em relação jurídica autônoma, entabulada perante a entidade de previdência privada.

Acontece que a Lei n. 6.435, de 1977 não teve o condão de retroagir para prejudicar o direito adquirido por alguns empregados ou seus dependentes, relativamente aos compromissos assumidos pelo empregador em momento anterior à sua edição. Desse modo, tem-se que os planos de complementação de aposentadoria e pensão, já instituídos pelo empregador, em momento anterior a lei de 1977, como verdadeira cláusula do contrato de trabalho, continuaram em vigor, não podendo ser afetados por alterações posteriores do vínculo de emprego, salvo se mais favoráveis.

Nesse sentido, inclusive, dispõe a Súmula n. 288 do Tribunal Superior do Trabalho, ao prescrever que "a complementação dos proventos da aposentadoria é regida pelas normas em vigor na data da admissão do empregado, observando-se as alterações posteriores desde que mais favoráveis ao beneficiário do direito"[58].

Assim, os conflitos relativos aos planos de complementação de aposentadoria e pensão, criados pelo próprio empregador e diretamente ligados ao contrato de trabalho, em momento anterior à vigência da Lei n. 6.435, de 1977, sem dúvida serão dirimidos pela Justiça do Trabalho, posto que oriundos da relação laborativa, o que os insere no inciso I do art. 114 da Constituição Federal. Corroborando com esta compreensão, após afirmar que, em geral, a competência seria da Justiça Comum, explicita Cazetta (2006, p. 93-94):

> O mesmo não se dá, contudo, com respeito a questões envolvendo compromissos previdenciários assumidos anteriormente à Lei n. 6.435, de 1977, diretamente decorrentes de relações trabalhistas. Nesse caso, conquanto os benefícios outorgados pelo empregador ostentem natureza previdenciária, tais compromissos não se equiparam aos que constituem objeto dos contratos de previdência complementar, e por isso mesmo não se sujeitam ao regime especial de que trata o art. 202 da Constituição.

Evidente que, por envolverem compromissos firmados pelo próprio empregador em momento pretérito à edição da Lei n. 6.435, de 1977, na qualidade de verdadeiras cláusulas do contrato de trabalho, os planos de complementação de aposentadoria e pensão inserem-se nas obrigações da empresa, fazendo com que os conflitos surgidos neste particular sejam oriundos, e não decorrentes do vínculo empregatício. Aludidos conflitos constituem a primeira das exceções capaz de enquadramento do inciso I do art. 114 constitucional.

---

(58) BRASIL. Tribunal Superior do Trabalho. Disponível em: <http://www3.tst.jus.br/jurisprudencia/Sumulas_com_indice/Sumulas_Ind_251_300.html#SUM-288> Acesso em: 24.8.2012.

3.5.2. Conflitos em que o empregador frustra a facultatividade de adesão do empregado ao benefício previdenciário privado ofertado, impondo-lhe a adesão ao plano ou a não adesão

Tem-se por inerente ao regime privado de previdência a facultatividade de adesão do participante ao plano de benefícios. Tanto assim é verdade que a própria Constituição Federal de 1988, em seu art. 202, dispôs expressamente que o acesso à previdência privada será facultativo.

Em atenção ao comando insculpido no texto constitucional, a Lei Complementar n. 109, de 2001, ratificou em seu art. 1º que o regime de previdência privada é facultativo. No mesmo sentido, assinala o § 2º do art. 16 da referida lei, ao reconhecer expressamente a facultatividade de adesão dos participantes aos planos de benefícios previdenciários privados fechados. Comentando o citado art. 16, § 2º, da Lei Complementar n. 109, de 2001, denota Balera (2005, p. 131) que:

> No § 2º do art. 16, está respeitado o preceito constitucional de que diversamente do regime geral de previdência, o regime complementar é facultativo (art. 202 da Constituição Federal). Logo titula o empregado e o associado à facultatividade de aderir ou não aos planos de benefícios que lhe são oferecidos pelos patrocinadores ou instituidores.

Em suma, titulam eles a liberdade de contratar. É o imperativo da autonomia da vontade.

O plano privado de previdência é consolidado por contrato de adesão facultativa, coincidindo a vontade do participante com a do patrocinador/instituidor, para a sua estruturação.

Destarte, ao contrário do que ocorre com o Regime Geral de Previdência Social, em que a vinculação é obrigatória, a adesão às entidades fechadas é uma faculdade do participante.

E não poderia ser diferente, pois, como visto no item 2.1 do presente trabalho, a relação de previdenciária privada constitui-se por meio de um negócio jurídico contratual, o qual pressupõe, para sua formação, livre manifestação de vontade dos contratantes.

Evidencia-se, pois, o aspecto volitivo da participação, de modo que o empregador não pode impor aos seus empregados a obrigatoriedade de aderir às entidades de previdência que patrocinam, tampouco forçá-los a uma não adesão.

Qualquer conduta do empregador que implique na frustração da facultatividade de adesão ou não adesão do participante ao plano de benefícios ofertado por entidade privada resultará em violação expressa dos dispositivos legais e constitucionais acima mencionados, ficando o infrator passível de responsabilização pelos danos que vier a causar, sem prejuízo da anulabilidade do negócio jurídico porventura eivado de vício na manifestação de vontade do participante.

A prática do empregador em impor a adesão ou não adesão de empregado a plano de previdência privada sem dúvida insere-se no contrato de trabalho mantido entre ambos. Segundo Süssekind *et al.* (2004, p. 1.321), "há casos em que a celebração do contrato de trabalho é associada, por mecanismos sutis, à adesão do empregado ao plano complementar. O efeito decorrencial do contrato de trabalho é nítido". O mesmo acontece quando a postura do empregador é no sentido de vedar a livre adesão ao plano pelo empregado.

É bem verdade que o empregado, por força do próprio contrato de trabalho, subordina-se ao poder diretivo do empregador, que nada mais é do que o conjunto de prerrogativas que confere ao patrão a possibilidade de coordenar, regular e disciplinar a prestação pessoal do trabalho.

A intervenção patronal, portanto, limita-se à atividade do trabalhador, não podendo o empregador extrapolar as fronteiras relativas a essa prestação. Nesse sentido, esclarece Vilhena (1999, p. 476):

> [...] a intervenção patronal verifica-se na e sobre a atividade do trabalhador e não na e sobre a sua pessoa. Se o trabalho ao ser prestado, como energia, não se separa da pessoa do trabalhador, surgem as interposições da intervenção na pessoa deste. Contudo essas interposições não têm a sua razão de ser senão e enquanto digam respeito à correção e à normalidade daquela prestação.

Indo além dos limites impostos pelo contrato, o poder diretivo passará a ser exercido de forma abusiva. Se o for, incorrerá o empregador em inegável ato ilícito, haja vista o disposto no art. 187 do Código Civil, expressando que também cometerá "[...] ato ilícito o titular de um direito que, ao exercê-lo, excede manifestamente os limites impostos pelo seu fim econômico ou social, pela boa-fé ou pelos bons costumes".

Desse modo, se o empregador, no curso de um contrato de trabalho, exacerba no uso do seu poder diretivo, impondo aos seus empregados a adesão ao plano de previdência privada fechada ou lhes negando tal faculdade, por óbvio que esse procedimento estará intimamente ligado à sua qualidade de sujeito do vínculo empregatício, ficando diretamente adstrito à relação de trabalho.

Com efeito, os conflitos porventura surgidos em razão dessa prática abusiva do empregador, ou mesmo a reparação dos danos que o ato venha a causar ao empregado, será dirimido pela Justiça do Trabalho, tanto com base no já reportado inciso I do art. 114 constitucional como também com esteio no inciso VI do mesmo artigo, que diz competir à Justiça do Trabalho processar e julgar as ações de danos morais e materiais decorrentes das relações de trabalho.

Aludidos conflitos seriam, assim, mais uma exceção à regra geral de competência em matéria de previdência privada fechada, cuja solução seria relegada à Justiça do Trabalho.

3.5.3. Conflitos em que o empregador frustra a universalidade da oferta de adesão ao plano aos seus empregados

Dispõe o art. 16 da Lei Complementar n. 109, de 2001, que: "os planos de benefícios devem ser, obrigatoriamente, oferecidos a todos os empregados dos patrocinadores ou associados dos instituidores".

O comando trazido pelo artigo acima citado está em consonância com o princípio geral da seguridade social redigido no art. 194, parágrafo único, inciso I, da Constituição Federal, que proclama a universalidade de cobertura e no atendimento.

Ocorre, no entanto, que a universalidade assegurada nos planos de previdência privada fechada não é tão ampla como aquela garantida no regime de previdência oficial. Trata-se, portanto, de universalidade diferida ou derrogada, já que restrita aos empregados da empresa patrocinadora ou associados da entidade instituidora.

O certo é que, "uma vez instituídos, os planos de benefícios devem ser oferecidos a todos os empregados dos patrocinadores ou associados dos instituidores, podendo ser equiparados aos empregados os gerentes, diretores, conselheiros e outros dirigentes dos patrocinadores [...]" (CAZETTA, 2006, p. 52).

A única exceção legal à universalidade de oferta entre empregados e associados relaciona-se aos planos que já estejam em extinção, caso em que o acesso de novos participantes é vedado, nos moldes do § 3º do art. 16 da Lei Complementar n. 109, de 2001.

Resulta concluir, pois, que, enquanto permanecer em vigor o plano de benefícios, os destinatários previstos na lei poderão a ele aderir, sendo descabidas restrições indevidas e discriminatórias por parte do empregador ou da associação, capazes de frustrar a universalidade.

Ressalte-se que tal universalidade justifica-se tanto pela necessidade de propiciar efetiva manutenção das condições de vida dos participantes como também diante do pressuposto da não discriminação. Inconcebível, pois, qualquer restrição indevida à adesão (*v. g.* o fato de o trabalhador ser ou não sindicalizado, ter sido ou não punido pela empresa patrocinadora, possuir ação judicial contra o empregador ou contra a entidade, etc.).

Como destaca Correia (2004, p. 204), "não podem ser inseridos limites de idade, salário, anos de casa, para a inscrição. Dentro do universo da empresa ou da associação referida, a princípio, 'todas as pessoas serão protegidas', sendo garantido o acesso à oferta".

O autor, todavia, reconhece que contornos não discriminatórios à adesão até podem ser implementados, desde que voltados à segurança e proteção do próprio plano, como ocorre nos casos, por exemplo, de inadimplemento contumaz do participante, ou suspensão de inscrição do associado (nos planos instituídos).

Por outro lado, ressalvadas as situações em que as limitações de acesso seriam admitidas, qualquer outra conduta discriminatória do empregador no sentido de frustrar a facultatividade adesão do empregado ao plano de previdência privada afigura-se ilícita e, por conseguinte, passível de chancela jurisdicional.

Não pode o empregador, em manifesto abuso de poder, implementar condições excludentes que, sem justificativa plausível para tanto, restrinjam o acesso aos planos de benefícios previdenciários fechados por parte de seus empregados.

A diretriz da não discriminação ganha relevo em tais casos. Cediço que a importância do tratamento equilibrado a ser despendido pelo empregador para com seus empregados faz com que a não discriminação seja alçada a patamar de verdadeiro princípio, com ampla pretensão de incidência.

Adverte Plá Rodriguez (2000, p. 445) que "o princípio de não discriminação leva a excluir todas aquelas diferenciações que põem um trabalhador numa situação de inferioridade ou mais desfavorável que o conjunto, e sem razão válida nem legítima".

O princípio em questão pode ser invocado para fazer cessar práticas restritivas do empregador ao acesso de seus empregados ao plano de benefícios previdenciário privado, bem como para justificar eventual reparação de danos sofridos por aqueles que foram injustamente discriminados.

Com efeito, os litígios voltados a fazer cessar condutas discriminatórias do empregador que limitem a universalidade de acesso dos trabalhadores aos planos de previdência privada fechada, ou ainda aqueles que visem ao ressarcimento das lesões morais e/ou materiais, sofridas pelos empregados discriminados, serão dirimidos pela Justiça do Trabalho, por enquadramento no art. 114, incisos I e VI da Constituição Federal.

3.5.4. Conflitos em que o empregador realiza descontos salariais indevidos para custeio de plano previdenciário privado ou altera a natureza salarial de parcela sobre a qual incide a contribuição respectiva

A previdência privada fechada estrutura-se a partir da formação de reservas para a concessão de benefícios contratados, conforme estabelecido do regulamento de cada plano. Cabe à entidade previdenciária gerir tais reservas, velando pela solvibilidade do regime.

Obviamente que a composição das reservas financeiras necessárias ao pagamento das benesses previdenciárias depende de custeio específico. O custeio, portanto, integra o desenvolvimento do próprio contrato previdenciário privado, tal como visto no item 2.2.2.1 do presente trabalho, sem o qual os montantes correspondentes aos benefícios não teriam como ser adimplidos no momento oportuno.

Ressalte-se que a forma de custeio do plano ficará vinculada à sua modalidade, bem como aos critérios estabelecidos no regulamento. Nada obstante, os numerários sempre permanecerão da dependência de aportes pecuniários, os quais são realizados por meio de contribuições periódicas.

Em regra, as contribuições para os planos patrocinados de previdência privada fechada são provenientes ou exclusivamente dos patrocinadores ou de recursos compartilhados, casos em que uma parte dos valores é vertida pelo participante e outra por seu empregador.

A exceção diz respeito aos planos patrocinados por entes que integram a Administração Pública, cujo aporte das contribuições do patrocinador não poderá superar aquele realizado pelo participante, haja vista o disposto no art. 202, § 3º, da Constituição Federal, vedando-se, em tais situações, o custeio exclusivo pelo empregador.

Centrando-se especificamente nos planos em que o patrocinador é uma empresa ou um grupo de empresas que não integra a Administração Pública, sabe-se que, quando existem contribuições provenientes dos empregados participantes, fica a cargo do empregador a realização do desconto da parte obreira no salário do trabalhador, o que é feito mediante prévia autorização do empregado.

É bem verdade que o art. 462 da Consolidação das Leis do Trabalho dispõe expressamente ser vedado ao empregador "[...] efetuar qualquer desconto nos salários do empregado, salvo quando este resultar de adiantamentos, de dispositivos de lei ou de contrato coletivo".

Entretanto, a Súmula n. 342 do Tribunal Superior do Trabalho é clara ao admitir a possibilidade de descontos no salário do empregado, desde que prévia e formalmente autorizados, para integração do obreiro em planos de previdência privada[59].

Destaque-se que a autorização prévia de descontos, em tais casos, mesmo quando realizada no ato de admissão do empregado, não pode ser presumidamente inválida, devendo qualquer alegação de vício na manifestação de vontade ser concretamente demonstrada, a teor do que estabelece a Orientação Jurisprudencial n. 160 da Sessão de Dissídios Individuais 1 (SDI1) do Tribunal Superior do Trabalho[60].

Admita-se, todavia, que o empregador, sob o pretexto de estar vertendo contribuições do empregado para plano de previdência privada fechada, passe a implementar descontos não autorizados no salário do trabalho, ou em valor maior do que aquele que fora consentido pelo obreiro.

---

(59) Súmula n. 342 do TST: "Descontos salariais efetuados pelo empregador, com a autorização prévia e por escrito do empregado, para ser integrado em planos de assistência odontológica, médico-hospitalar, de seguro, de previdência privada, ou de entidade cooperativa, cultural ou recreativo-associativa de seus trabalhadores, em seu benefício e de seus dependentes, não afrontam o disposto no art. 462 da CLT, salvo se ficar demonstrada a existência de coação ou de outro defeito que vicie o ato jurídico". (Disponível em: <http://www3.tst.jus.br/jurisprudencia/Sumulas_com_indice/Sumulas_Ind_301_350.html#SUM-342> Acesso em: 24.8.2012).

(60) Orientação Jurisprudencial n. 160 da SDI1 do TST: "É inválida a presunção de vício de consentimento resultante do fato de ter o empregado anuído expressamente com descontos salariais na oportunidade da admissão. É de se exigir demonstração concreta do vício de vontade". (Disponível em: <http://www3.tst.jus.br/jurisprudencia/OJ_SDI_1/n_s1_141.htm#TEMA160> Acesso em: 24.8.2012).

Certamente, tal conduta da empresa importará em violação à intangibilidade salarial trazida pelo art. 7º, inciso VI, da Constituição Federal[61], configurando verdadeiro ilícito trabalhista.

Como cediço, o repasse de salário é, ao mesmo tempo, o principal direito do empregado e a principal obrigação do empregador, sendo o vínculo empregatício essencialmente oneroso.

Ressalte-se que a comutatividade do contrato de trabalho impõe que o empregador pague salário ao trabalhador não apenas pelo trabalho efetivamente realizado, mas também pelo fato de ter o obreiro permanecido à disposição do tomador. Sobre o conceito e a natureza jurídica do salário, assinalam Süssekind *et al.* (2004, p. 345):

> O salário é, a nosso ver, a retribuição devida pela empresa ao trabalhador, em equivalência subjetiva ao valor da contribuição deste na consecução dos fins objetivados pelo respectivo empreendimento. E a natureza jurídica dessa prestação há de corresponder à própria natureza jurídica da relação de emprego. Se, esta, apesar de todos os limites imperativos impostos à vontade das respectivas partes, é, como sustentamos, de índole contratual, certo é que as obrigações relativas ao salário são, igualmente, explicadas pela teoria contratualista, sem embargo das inúmeras restrições ao livre ajuste entre empregados e empregadores.

A obrigação de pagamento salarial é algo imanente ao contrato de trabalho, de modo que, se o empregador estiver realizando deduções indevidas no salário do empregado, restará violada típica obrigação laboral.

Assim, tem-se que os descontos salariais não consentidos ou acima dos limites aquiescidos proporcionados pelo empregador, sob a justificativa de transferência de recursos para custeio de plano de previdência privada fechada, resultará em inegável ilícito trabalhista, tutelável pelo Direito do Trabalho e cujos conflitos respectivos ficarão a cargo da Justiça Trabalhista, por força do art. 114, inciso I, da Constituição Federal.

O mesmo diga-se quando o empregador estiver alterando a natureza salarial de determinada parcela trabalhista, com vistas a afastar a incidência de contribuições sobre a mesma para custeio de plano de previdência privada fechada.

---

(61) Constituição Federal, "Art. 7º São direitos dos trabalhadores urbanos e rurais além de outros que visem à melhoria de sua condição social: [...] VI — irredutibilidade do salário, salvo disposto em convenção ou acordo coletivo".

É que as contribuições vertidas aos planos de previdência privada, pela própria finalidade de manutenção do padrão de vida do beneficiário diante das contingências que levem a incapacidade para o trabalho ou a morte, são normalmente estabelecidas por meio de alíquotas a incidir sobre as parcelas de natureza salarial do trabalhador, fazendo com que os benefícios de fato reflitam a real situação do participante ou assistido antes do seu implemento.

Tal como ocorre com o regime público de previdência, em que as contribuições compulsórias consubstanciam-se por meio de percentuais incidentes em uma base de cálculo denominada salário de contribuição, composta pelas verbas de índole contraprestativa recebidas pelo segurado; o custeio da previdência privada também é operacionalizado mediante repasses captados por meio de aportes calculados sobre as verbas salariais do empregado.

Não se está dizendo aqui que as contribuições pagas pelo empregador têm natureza salarial. O que se está afirmando é que as alíquotas das contribuições vertidas pelos participantes e patrocinadores normalmente incidem sobre parcelas de cunho salarial.

As parcelas de índole indenizatória, repassadas ao empregado por força do contrato de trabalho (como é o caso da ajuda de custo, das diárias para viagem que não ultrapassem 50% do salário[62], da participação nos lucros e resultados[63], entre outras[64]), em regra não integram a base de incidência das contribuições para custeio dos benefícios de previdência privada, não repercutindo, pois, no seu cálculo.

Destarte, imaginem-se situações em que o empregador imponha escopo indenizatório a uma parcela nitidamente salarial, inibindo, com isso, a consideração de tal parcela no cômputo das contribuições vertidas tanto pelo participante como pelo próprio patrocinador, afetando a composição do benefício, sobretudo nos casos de planos de contribuição definida.

---

(62) "CLT, art. 457. [...] § 2º Não se incluem nos salários as ajudas de custo, assim como as diárias para viagem que não excedam de 50% (cinquenta por cento) do salário percebido pelo empregado."

(63) "Constituição Federal, art. 7º. São direitos os trabalhadores urbanos e rurais, além de outros que visem à melhoria de sua condição social: [...] XI — participação nos lucros, ou resultados, desvinculada da remuneração, e, excepcionalmente, participação na gestão da empresa, conforme definido em lei."

(64) Pode-se utilizar como parâmetro exemplificativo as parcelas trabalhistas que não são consideradas salário de contribuição para custeio do regime geral de previdência social, conforme disposto no art. 28, § 9º, da Lei n. 8.212, de 1991.

Seguramente as ações destinadas ao reconhecimento salarial da parcela que não está sofrendo incidência das contribuições e que, de certa maneira, irá afetar o cálculo futuro do benefício, serão propostas contra o empregador perante a Justiça do Trabalho.

Ora, a partir do momento que o empregador, com o intuito manifesto de reduzir o encargo de custeio do plano de previdência privada fechada, modifica a natureza de uma determinada parcela, que de salarial passa a ser indenizatória apenas para afastar a incidência das contribuições correspondentes, estará violando típica obrigação trabalhista.

O ilícito configura-se exatamente no fato de adulterar a natureza salarial de uma determinada parcela, o que normalmente é feito por meio de regimentos internos ou regulamentos empresariais. A desconsideração da verba para o custeio do plano previdenciário passa a ser só um efeito da ilicitude anterior.

Por conseguinte, a medida judicial que objetive reconhecer o caráter salarial de uma determinada parcela trabalhista e, consequentemente, fazer com que sobre a mesma incida contribuições para plano de previdência privada fechada, deve ser proposta perante a Justiça do Trabalho, conforme art. 114, inciso I, da Constituição Federal.

3.5.5 Conflitos em que cláusulas de negociação coletiva de trabalho imponham a adesão ou a não adesão, frustrem a universalidade, imponham descontos indevidos para adesão a plano ou suprimam a natureza salarial de determinadas parcelas

A Constituição Federal de 1988, em seu art. 7º, inciso XXVI, reconhece os acordos e as convenções coletivas de trabalho como direitos dos trabalhadores urbanos e rurais[65].

Por sua vez, o art. 611, *caput* e § 1º, da CLT define tais instrumentos de negociação coletiva. Com efeito, enquanto a convenção coletiva é celebrada pelos sindicatos econômico e profissional, abrangendo toda a categoria; os acordos coletivos são firmados pelo sindicato profissional e a empresa ou grupo de empresas, alcançando apenas os respectivos empregados.

---

(65) "Constituição Federal, art. 7º São direitos os trabalhadores urbanos e rurais, além de outros que visem à melhoria de sua condição social: [...] XXVI — reconhecimento das convenções e acordos coletivos de trabalho."

Vê-se, portanto, que as distinções entre convenção e acordo coletivo são de ordem subjetiva e objetiva. Subjetivamente, tem-se que os sujeitos de uma convenção são os sindicatos, representativos tanto da categoria econômica (patronal) como da categoria profissional (obreira). Já no acordo, o sindicato somente se faz presente como representante da categoria profissional, já que do lado patronal encontra-se a própria empresa ou grupo de empresas.

No aspecto objetivo, a distinção é de abrangência. Isso porque as convenções coletivas de trabalho, exatamente pelo fato de serem celebradas pelos sindicatos representantes das duas categorias (econômica e profissional), criam condições que abrangem a coletividade de empregadores e trabalhadores representados. Já os acordos coletivos têm sua abrangência limitada aos empregados da empresa ou empresas signatárias, não se estendendo a toda a categoria.

O certo é que tanto a convenção como o acordo coletivo de trabalho consubstanciam importantes instrumentos utilizados no Brasil para a consecução do que se denomina negociação coletiva, por meio da qual são implementadas condições gerais e específicas de trabalho, relativamente a uma ou a determinadas categorias. Sobre a negociação coletiva, alude Pinto (2002, p. 184):

> A negociação coletiva deve ser entendida como o complexo de entendimentos entre representações de categorias de trabalhadores e empresas, ou suas representações, para estabelecer condições gerais de trabalho destinadas a regular as relações individuais entre seus integrantes ou solucionar outras questões que estejam perturbando a execução normal dos contratos.

Saliente-se que, de um modo geral, a finalidade dos instrumentos de negociação coletiva, sejam convenções ou acordos coletivos de trabalho, referem-se à criação de condições que podem ampliar ou restringir determinados direitos trabalhistas.

Ambos os instrumentos refletem expressão de vontade dos seus pactuantes, razão pela qual impõem obrigações ou criam faculdades exigíveis do âmbito de suas representações, em maior ou menor escala.

Obviamente que as cláusulas estipuladas em um instrumento de negociação coletiva sujeitam-se a certos limites. Os direitos trabalhistas mínimos instituídos por imperativo estatal, por meio da lei ou da própria Constituição Federal, são prevalentemente indisponíveis, de sorte que não admitem despojamento injustificado, ainda que mediante convenção ou acordo coletivo de trabalho.

Quer-se dizer que existe uma margem de direitos laborais impassíveis de serem transacionados, seja individualmente, seja por meio de negociação coletiva. Tratam-se de direitos de indisponibilidade absoluta, cuja restrição acabaria por malferir a ordem jurídica concebida para tutelar o trabalhador hipossuficiente.

Desse modo, tem-se que as condições estabelecidas nos instrumentos de negociação coletiva encontram limites na própria lei, não se admitindo que a autonomia privada, mesmo por meio de um ajuste com pretensões de incidência e participação mais amplas, possa ir de encontro aos patamares fixados pelo legislador.

Não pode uma cláusula de convenção ou acordo coletivo de trabalho violar um preceito de lei ou da Constituição Federal. A norma oficial somente poderia ser adaptada à realidade por ela mesmo prevista. Ou seja, a margem de atuação das condições fixadas pelos instrumentos de negociação é dada pelo próprio legislador.

Entretanto, suponha-se que os signatários de convenção ou acordo coletivo de trabalho hajam estipulado cláusulas que imponham à adesão ou à não adesão, frustrem a universalidade, imponham descontos indevidos para adesão a plano ou suprimam a natureza salarial de determinadas parcelas. Sem dúvida, tais condições estariam violando a legislação vigente, conforme visto anteriormente, o que as levaria à invalidade.

Ora, as restrições à facultatividade de adesão e à universalidade de oferta dos planos entre os empregados do participante estão contempladas pelo art. 16, *caput* e § 2º, da Lei Complementar n. 109, de 2001. Já a impossibilidade de descontos indevidos no salário do trabalhador está prevista no art. 462 da CLT. Finalmente, a não adulteração da natureza salarial de determinada parcela encontra óbice no próprio preceito de intangibilidade salarial, disposta no art. 7º, inciso VI, da Constituição Federal.

Ressalte-se que, especificamente no que concerne à facultatividade de adesão, Weintraub (2005, p. 86) reconhece a possibilidade de uma convenção coletiva tornar o plano de previdência privada obrigatório. Nas palavras do autor:

> Mesmo diante da facultatividade constitucional, há vias indiretas de torná-la obrigatória sem uma emenda constitucional. Uma convenção coletiva na esfera trabalhista, por exemplo, pode estipular o ingresso dos sindicatos num fundo de pensão instituído. O trabalhador sindicalizado estaria então obrigado a ingressar no fundo, mesmo porque decisões sindicais são teoricamente democráticas dentro da categoria.

Discorda-se de Weintraub (2005) neste particular, posto que, mesmo pressupondo a democracia nas deliberações sindicais, as normas coletivas têm seus contornos dados pela própria lei, não se admitindo que uma cláusula de acordo ou convenção coletiva de trabalho, ainda que discutida e aprovada por todos que participam de uma dada categoria, possa subverter os comandos legislativos.

Se a lei e a Constituição Federal estatuem a facultatividade de adesão aos planos de previdência privada fechada, não podem as condições criadas pelos instrumentos de negociação coletiva tornar tais planos obrigatórios, eis que a autonomia da vontade privada não goza de precedência na espécie.

Desse modo, tem-se que os conflitos gerados a partir de questionamentos quanto aos limites das convenções e acordos coletivos de trabalho — não apenas quanto à faculdade de adesão ou universalidade de oferta, mas igualmente no tocante à imposição de descontos indevidos a título de contribuição para custeio de plano previdenciário privado ou modificação na natureza de parcela nitidamente salarial com afetação no montante contributivo — ficarão a cargo da Justiça do Trabalho, por força do art. 114, inciso I, da Constituição Federal.

CONCLUSÃO

O sistema previdenciário brasileiro, tal como disposto na Constituição Federal de 1988, sobretudo após as alterações trazidas pela Emenda Constitucional n. 20, de 1998, reconhece a previdência privada como regime auxiliar e facultativo, a ser ofertado por entidades previdenciárias abertas ou fechadas a todos aqueles que, observados os requisitos legais, possam aderir aos planos disponíveis, conforme regulação trazida pelas Leis Complementares ns. 108 e 109, de 2001.

Especificamente, no tocante à previdência privada fechada, tem-se que a mesma, por sua própria natureza, possui acesso restrito aos empregados de uma determinada empresa ou grupo de empresas (patrocinador); ou associados de uma entidade setorial, profissional ou de classe (instituidor).

Acontece que a relação jurídica concebida nos planos patrocinados, exatamente pelo fato de terem ingresso limitado a um conjunto exclusivo de empregados (participantes) vinculados à empresa signatária do convênio de adesão celebrado com a entidade previdenciária respectiva, é muitas vezes confundida com a correlata relação de trabalho.

Destarte, o contrato de previdência privada fechada é reiteradamente tido como uma mera cláusula do contrato de trabalho mantido entre o empregado que participa do plano e o empregador que o patrocina, fazendo com que os Tribunais brasileiros incorram em indesejado dissenso relativamente à fixação da competência jurisdicional para solução dos conflitos previdenciários surgidos no âmbito dos planos patrocinados.

A cizânia perfaz-se basicamente entre Tribunais que integram a Justiça Comum e a Trabalhista, cujos julgados não encontram uniformidade quanto ao segmento do Poder Judiciário que conserva a medida de jurisdição destinada a dirimir os litígios surgidos no âmbito dos contratos previdenciários privados fechados, ensejando malsinada insegurança aos jurisdicionados.

Porém, a relação de previdência privada fechada aperfeiçoada nos planos patrocinados não guarda dependência com a relação de trabalho existente entre o participante e o patrocinador. Tanto assim é verdade que, a despeito dos planos serem, obrigatoriamente, ofertados à universalidade dos empregados da empresa patrocinadora, tais trabalhadores aderem facultativamente ao regime, podendo a ele manterem-se vinculados mesmo depois de cessado o vínculo empregatício, o que demonstra a autonomia entre os contratos previdenciário e trabalhista.

Demais disso, o fato de o futuro patrocinador poder constituir a entidade fechada de previdência privada não a faz integrante de um grupo econômico como aquele, especialmente em razão da finalidade específica da entidade, voltada à administração de reservas para a concessão dos benefícios contratados, sem qualquer finalidade lucrativa.

Também não se origina no contrato de trabalho a obrigação de o patrocinador custear, total ou parcialmente, o plano previdenciário fechado. Esse compromisso deriva do próprio contrato previdenciário, não sendo consideradas utilidades salariais as contribuições vertidas pelo empregador para a entidade fechada de previdência, conforme denotado pelo art. 458, § 2º, inciso VI, da Consolidação das Leis Trabalhistas.

Portanto não se pode dizer que, como regra, os conflitos em matéria de previdência privada fechada tenham seu nascedouro na relação de trabalho existente entre o participante e o patrocinador, já que a ela não se ligam diretamente, o que afasta seu enquadramento no rol de competência da Justiça do Trabalho trazido pelo art. 114, inciso I, da Constituição Federal, com redação dada pela Emenda Constitucional n. 45, de 2004.

Isso porque o aludido inciso I do art. 114 constitucional abrange somente litígios que tem sua origem no vínculo de trabalho, ou seja, que com ele guardam relação direta e inafastável, não sendo este o caso da grande maioria das lides em matéria de previdência privada fechada, já que surgidas em negócio jurídico autônomo e dotado de compromissos claramente dissociados do corretado contrato de trabalho.

Entretanto, os litígios surgidos nos contratos previdenciários fechados derivam indiretamente dos contratos de trabalho, visto que, em princípio, o participante somente tem acesso ao plano fechado se celebrar vínculo de emprego com o patrocinador.

Tal circunstância faz com que os conflitos em matéria de previdência privada fechada sejam considerados como decorrentes da relação de trabalho, já que dela o contrato previdenciário é consequência, o que possibilitaria a atuação da Justiça do Trabalho para a solução dos referidos conflitos, com esteio no inciso IX do art. 114 da Constituição Federal, mas desde que existente previsão infraconstitucional autorizando, haja vista a limitada eficácia do preceito constitucional.

Assim, como regra geral de enquadramento, sustenta-se no presente estudo que a competência para dirimir as lides em matéria de previdência privada fechada seria da Justiça Comum, visto que não originárias no contrato de trabalho. No entanto, nada impede que o legislador ordinário, no uso da sua atribuição legiferante, confira tal incumbência à Justiça do Trabalho, haja vista a cláusula de abertura trazida pelo art. 114, inciso IX, da Constituição Federal, para os conflitos que, embora não nascidos na relação de trabalho, dela seja consequência.

Por outro lado, apresentaram-se na pesquisa alguns conflitos que poderiam ser dirimidos pela Justiça do Trabalho, posto que, excepcionalmente, teriam nascido no próprio vínculo empregatício, mantido entre o participante e o patrocinador.

Exemplificativamente, foram identificados como conflitos passíveis de serem submetidos à Justiça do Trabalho: a) aqueles relativos aos compromissos assumidos pelo empregador para complementação de aposentadoria e pensão em momento anterior à edição da n. 6.435, de 1977; b) aqueles em que o empregador frustra a facultatividade de adesão do empregado ao plano previdenciário privado ofertado; c) aqueles em que o empregador frustra a universalidade da oferta de adesão ao plano aos seus empregados; d) aqueles em que o empregador realiza descontos salariais indevidos para custeio de plano previdenciário privado ou altera a natureza salarial de parcela sobre a qual incide a contribuição respectiva; e) aqueles em que cláusulas de negociação coletiva de trabalho imponham a adesão ou a não adesão, frustrem a universalidade, imponham descontos indevidos, para adesão a plano, ou suprimam a natureza salarial de determinadas parcelas.

Referidos conflitos não ficariam na dependência de norma infraconstitucional para sujeição à competência trabalhista, eis que oriundos da relação de trabalho e não decorrentes, o que permitiria sua inserção no inciso I do art. 114 constitucional, norma de plena eficácia e que, portanto, independe da atuação do legislador ordinário para ampla produção de seus efeitos.

REFERÊNCIAS

ALLEN, Francis T.; SIMON, Sidney I. *Insurance*: general principles. Ames: Littlefield, Adams & CO, 1958.

ANDRADE, Manuel A. Domingues de. *Teoria geral da relação jurídica*. Coimbra: Almedina, 1992. v. II.

BALERA, Wagner (coord.). *Comentários à lei de previdência privada*. São Paulo: Quartier Latin, 2005.

BARRA, Juliano Sarmento. *Fundos de pensão instituídos na previdência privada brasileira*. São Paulo: LTr, 2008.

BRASIL. Conselho de Gestão da Previdência Complementar. *Resolução n. 12, de 17 de setembro de 2002*. Regulamenta a constituição e funcionamento das entidades fechadas de previdência complementar e planos de benefícios constituídos por instituidor. Disponível em: <http://www.mpas.gov.br/conteudoDinamico.php?id=306> Acesso em: 24.11.2012.

_____. Conselho de Gestão da Previdência Complementar. *Resolução n. 20, de 25 de setembro de 2006*. Altera o art. 10 da Resolução CGPC n. 12, de 17 de setembro de 2002, que regulamenta a constituição e funcionamento das Entidades Fechadas de Previdência Complementar e planos de benefícios constituídos por Instituidor. Disponível em: <http://www.mpas.gov.br/conteudoDinamico.php?id=306> Acesso em: 24.11.2012.

_____. Conselho de Gestão da Previdência Complementar. *Resolução n. 6, de 30 de outubro de 2003*. Dispõe sobre os institutos do benefício proporcional diferido, portabilidade, resgate e autopatrocínio em planos de entidade fechada de previdência complementar. Disponível em: <http://www.mpas.gov.br/conteudoDinamico.php?id=306> Acesso em: 20.7.2012.

_____. Constituição (1988). *Constituição da República Federativa do Brasil*: promulgada em 5 de outubro de 1988. Disponível em: <http://www.planalto.gov.br/ccivil_03/constituicao/constitui%C3%A7ao.htm> Acesso em: 24.8.2012.

_____. Lei n. 556, de 25 de junho de 1850. Código Comercial. *CLB de 1850 t. 11*, p. *57-238*. Disponível em: < http://www.planalto.gov.br/ccivil_03/leis/l0556-1850.htm> Acesso em: 24.8.2012.

_____. Senado Federal da República Federativa do Brasil. Decreto-lei n. 5.452, de 1º de maio de 1943. Consolidação das Leis do Trabalho. Aprova a Consolidação das Leis do Trabalho. *Diário Oficial da União,* Rio de Janeiro, 9.8.1943. Disponível em: <http://www.planalto.gov.br/ccivil_03/decreto-lei/del5452.htm> Acesso em: 24.8.2012.

_____. Lei n. 6.435, de 15 de julho de 1977. Dispõe sobre as entidades de previdência privada. *Diário Oficial da União,* Brasília, 20 jul. 1977. Disponível em: <http://www.planalto.gov.br/ccivil_03/leis/L6435.htm> Acesso em: 24.8.2012.

_____. Lei n. 6.858, de 24 de novembro de 1980. Dispõe sobre o pagamento, aos dependentes ou sucessores, de valores não recebidos em vida pelos respectivos titulares. *Diário Oficial da União,* Brasília, 26.11.1980. Disponível em: <http://www.planalto.gov.br/ccivil_03/leis/L6858.htm> Acesso em: 24.8.2012.

_____. Lei n. 8.212, de 24 de julho de 1991. Dispõe sobre a organização da seguridade social, institui plano de custeio, e dá outras providências. *Diário Oficial da União,* Brasília, 25 jul. 1991. Disponível em: <http://www.planalto.gov.br/ccivil_03/leis/L8212cons.htm> Acesso em: 24.8.2012.

_____. Lei n. 8.213, de 24 de julho de 1991. Dispõe sobre os planos de benefícios da previdência social e dá outras providências. *Diário Oficial da União,* Brasília, 25 jul. 1991. Disponível em: <http://www.planalto.gov.br/ccivil_03/leis/L8213cons.htm> Acesso em: 24.8.2012.

_____. Lei n. 9.656, de 3 de junho de 1998. Dispõe sobre os planos e seguros privados de assistência à saúde. *Diário Oficial da União,* Brasília, 4 jun. 1998. Disponível em: <http://www.planalto.gov.br/ccivil_03/leis/l9656.htm> Acesso em: 24.8.2012.

_____. Lei Complementar n. 108, de 29 de maio de 2001. Dispõe sobre a relação entre a União, os Estados, o Distrito Federal e os Municípios, suas autarquias, fundações, sociedades de economia mista e outras entidades públicas e suas respectivas entidades fechadas de previdência complementar, e dá outras providências. *Diário Oficial da União,* Brasília, 30 maio 2001. Disponível em: <http://www.planalto.gov.br/ccivil_03/leis/lcp/Lcp108.htm> Acesso em: 24.8.2012.

_____. Lei complementar n. 109, de 29 de maio de 2001. Dispõe sobre o Regime de Previdência Complementar e dá outras providências. *Diário Oficial da União,* Brasília, 30 maio 2001. Disponível em: < http://www.planalto.gov.br/ccivil_03/leis/lcp/lcp109.htm> Acesso em: 24.8.2012.

_____. Lei n. 10.406, de 10 de janeiro de 2002. Código Civil. Institui o Código Civil. *Diário Oficial da União,* Brasília, 11 jan. 2002. Disponível em: <http://www.planalto.gov.br/Ccivil_03/LEIS/2002/L10406.htm> Acesso em: 24.8.2012.

_____ . Lei n. 12.618, de 30 de abril de 2012. Institui o regime de previdência complementar para os servidores públicos federais titulares de cargo efetivo, inclusive os membros dos órgãos que menciona; fixa o limite máximo para a concessão de aposentadorias e pensões pelo regime de previdência de que trata o art. 40 da Constituição Federal; autoriza a criação de 3 (três) entidades fechadas de previdência complementar, denominadas Fundação de Previdência Complementar do Servidor Público Federal do Poder Executivo (Funpresp-Exe), Fundação de Previdência Complementar do Servidor Público Federal do Poder Legislativo (Funpresp-Leg) e Fundação de Previdência Complementar do Servidor Público Federal do Poder Judiciário (Funpresp-Jud); altera dispositivos da Lei n. 10.887, de 18 de junho de 2004; e dá outras providências. *Diário Oficial da União*, Brasília, 2 maio 2012. Disponível em: <http://www.planalto.gov.br/ccivil_03/_Ato2011-2014/2012/Lei/L12618.htm> Acesso em: 24.8.2012.

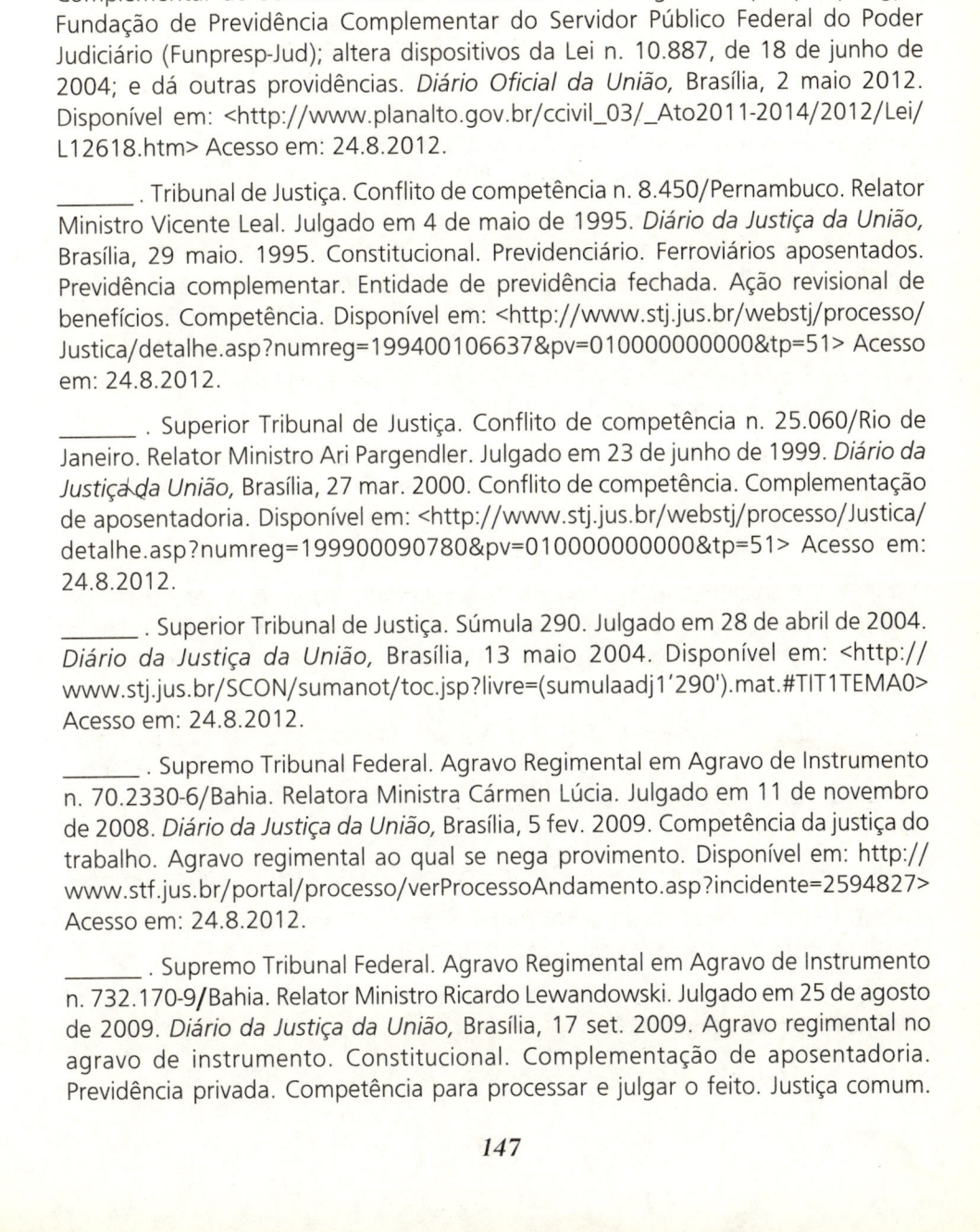

_____ . Tribunal de Justiça. Conflito de competência n. 8.450/Pernambuco. Relator Ministro Vicente Leal. Julgado em 4 de maio de 1995. *Diário da Justiça da União*, Brasília, 29 maio. 1995. Constitucional. Previdenciário. Ferroviários aposentados. Previdência complementar. Entidade de previdência fechada. Ação revisional de benefícios. Competência. Disponível em: <http://www.stj.jus.br/webstj/processo/Justica/detalhe.asp?numreg=199400106637&pv=010000000000&tp=51> Acesso em: 24.8.2012.

_____ . Superior Tribunal de Justiça. Conflito de competência n. 25.060/Rio de Janeiro. Relator Ministro Ari Pargendler. Julgado em 23 de junho de 1999. *Diário da Justiça da União*, Brasília, 27 mar. 2000. Conflito de competência. Complementação de aposentadoria. Disponível em: <http://www.stj.jus.br/webstj/processo/Justica/detalhe.asp?numreg=199900090780&pv=010000000000&tp=51> Acesso em: 24.8.2012.

_____ . Superior Tribunal de Justiça. Súmula 290. Julgado em 28 de abril de 2004. *Diário da Justiça da União*, Brasília, 13 maio 2004. Disponível em: <http://www.stj.jus.br/SCON/sumanot/toc.jsp?livre=(sumulaadj1'290').mat.#TIT1TEMA0> Acesso em: 24.8.2012.

_____ . Supremo Tribunal Federal. Agravo Regimental em Agravo de Instrumento n. 70.2330-6/Bahia. Relatora Ministra Cármen Lúcia. Julgado em 11 de novembro de 2008. *Diário da Justiça da União*, Brasília, 5 fev. 2009. Competência da justiça do trabalho. Agravo regimental ao qual se nega provimento. Disponível em: http://www.stf.jus.br/portal/processo/verProcessoAndamento.asp?incidente=2594827> Acesso em: 24.8.2012.

_____ . Supremo Tribunal Federal. Agravo Regimental em Agravo de Instrumento n. 732.170-9/Bahia. Relator Ministro Ricardo Lewandowski. Julgado em 25 de agosto de 2009. *Diário da Justiça da União*, Brasília, 17 set. 2009. Agravo regimental no agravo de instrumento. Constitucional. Complementação de aposentadoria. Previdência privada. Competência para processar e julgar o feito. Justiça comum.

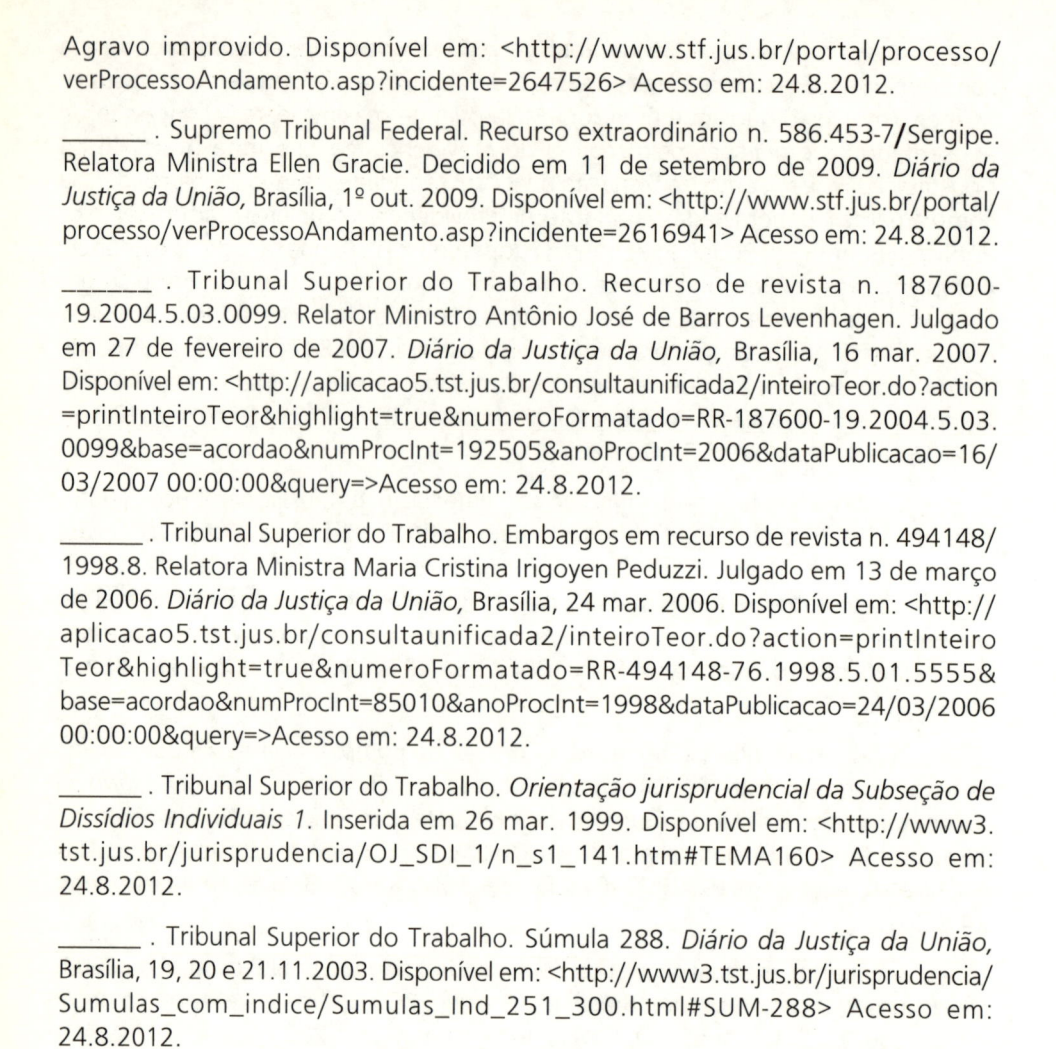

Agravo improvido. Disponível em: <http://www.stf.jus.br/portal/processo/verProcessoAndamento.asp?incidente=2647526> Acesso em: 24.8.2012.

_____ . Supremo Tribunal Federal. Recurso extraordinário n. 586.453-7/Sergipe. Relatora Ministra Ellen Gracie. Decidido em 11 de setembro de 2009. *Diário da Justiça da União,* Brasília, 1º out. 2009. Disponível em: <http://www.stf.jus.br/portal/processo/verProcessoAndamento.asp?incidente=2616941> Acesso em: 24.8.2012.

_____ . Tribunal Superior do Trabalho. Recurso de revista n. 187600-19.2004.5.03.0099. Relator Ministro Antônio José de Barros Levenhagen. Julgado em 27 de fevereiro de 2007. *Diário da Justiça da União,* Brasília, 16 mar. 2007. Disponível em: <http://aplicacao5.tst.jus.br/consultaunificada2/inteiroTeor.do?action =printInteiroTeor&highlight=true&numeroFormatado=RR-187600-19.2004.5.03. 0099&base=acordao&numProcInt=192505&anoProcInt=2006&dataPublicacao=16/ 03/2007 00:00:00&query=>Acesso em: 24.8.2012.

_____ . Tribunal Superior do Trabalho. Embargos em recurso de revista n. 494148/ 1998.8. Relatora Ministra Maria Cristina Irigoyen Peduzzi. Julgado em 13 de março de 2006. *Diário da Justiça da União,* Brasília, 24 mar. 2006. Disponível em: <http://aplicacao5.tst.jus.br/consultaunificada2/inteiroTeor.do?action=printInteiro Teor&highlight=true&numeroFormatado=RR-494148-76.1998.5.01.5555& base=acordao&numProcInt=85010&anoProcInt=1998&dataPublicacao=24/03/2006 00:00:00&query=>Acesso em: 24.8.2012.

_____ . Tribunal Superior do Trabalho. *Orientação jurisprudencial da Subseção de Dissídios Individuais 1.* Inserida em 26 mar. 1999. Disponível em: <http://www3. tst.jus.br/jurisprudencia/OJ_SDI_1/n_s1_141.htm#TEMA160> Acesso em: 24.8.2012.

_____ . Tribunal Superior do Trabalho. Súmula 288. *Diário da Justiça da União,* Brasília, 19, 20 e 21.11.2003. Disponível em: <http://www3.tst.jus.br/jurisprudencia/ Sumulas_com_indice/Sumulas_Ind_251_300.html#SUM-288> Acesso em: 24.8.2012.

_____ . Tribunal Superior do Trabalho. Súmula 342. *Diário da Justiça da União,* Brasília, 19, 20 e 21.11.2003. Disponível em: <http://www3.tst.jus.br/jurisprudencia/ Sumulas_com_indice/Sumulas_Ind_301_350.html#SUM-342> Acesso em: 24.8.2012.

CANOTILHO, José Joaquim Gomes. *Direito constitucional.* Coimbra: Almedina, 1993.

CARNELUTTI, Francesco. *Instituições do processo civil.* Tradução de Adrián Sotero de Witt Batista. São Paulo: Classic Book, 2000. v. I.

CARVALHO FILHO, José dos Santos. *Manual de direito administrativo.* 15. ed. Rio de Janeiro: Lumen Juris, 2006.

CASSA, Ivy. *Contrato de previdência privada.* São Paulo: MP, 2009.

CAZETTA, Luís Carlos. *Previdência privada*: o regime jurídico das entidades fechadas. Porto Alegre: Sergio Antonio Fabris, 2006.

CERNE, Angelo Mário de Moraes. *O seguro privado no Brasil*. Rio de Janeiro: F. Alves, 1973.

CHAVES, Luciano Athayde. Ampliação da competência da justiça do trabalho: 5 anos depois. In: *2º Seminário Nacional*, São Paulo: LTr, 2009.

CHIOVENDA, Giuseppe. *Instituições de direito processual civil*. Tradução de Paolo Capitanio. Capinas: Bookseller, 2002. v. II.

CORREIA, Marcus Orione Gonçalves (coord.); VILLELA, José Corrêa (org.). *Previdência privada*: doutrina e comentários à Lei Complementar n. 109/2001. São Paulo: LTr, 2004.

COUTINHO, Grijaldo Fernandes; FAVA, Marcos Neve (coord.). *Justiça do trabalho*: competência ampliada. São Paulo: LTr, 2005.

DIAS, Eduardo Rocha; MACÊDO, José Leandro Monteiro. *Curso de direito previdenciário*. 2. ed. São Paulo: Método, 2010.

HESSE, Konrad. *Elementos de direito constitucional da república federal da Alemanha*. Tradução de Luis Afonso Heck. Porto Alegre: Sergio Antonio Fabris, 1998.

HOUAISS, Antônio; VILLAR, Mauro de Salles. *Dicionário Houaiss da língua portuguesa*. Rio de Janeiro: Objetiva, 2009.

MOREAU, Pierre. *Responsabilidade jurídica na previdência complementar*: responsabilidade na gestão dos recursos garantidores. São Paulo: Quartier Latin, 2011.

MÜLLER, Friedrich. *Métodos de trabalho do direito constitucional*. Tradução de Peter Naumann. Renovar: São Paulo, 2005.

PAIVA, Mauro A. Pequeno histórico da previdência privada no Brasil. *Revista EPD* — Escola Paulista de Direito, São Paulo: Escola Paulista de Direito, ano 2, n. 2, mar./abr. 2006.

PINTO, José Augusto Rodrigues. *Direito sindical e coletivo do trabalho*. 2. ed. São Paulo: LTr, 2002.

PÓVOAS, Manoel Sebastião Soares. *Previdência privada*: filosofia, fundamentos técnicos, conceituação jurídica. 2. ed. São Paulo: Quartier Latin, 2007.

PULINO, Daniel. *Previdência complementar*: natureza jurídico-constitucional e seu desenvolvimento pelas entidades fechadas. São Paulo: Conceito, 2011.

RAMOS, Maria Cibele de Oliveira. *Os planos de benefícios das entidades de previdência privada*. São Paulo: LTr, 2005.

REALE, Miguel. *Lições preliminares de direito*. 26. ed. São Paulo: Saraiva, 2002.

RODRIGUEZ, Américo Plá. *Princípios de direito do trabalho*. 3. ed. Tradução de Wagner D. Giglio. São Paulo: LTr, 2000.

ROMITA, Arion Sayão. Estrutura da relação de previdência fechada (entidades fechadas). *Síntese Trabalhista*, Porto Alegre: Síntese, v. 13, n. 153, mar. 2002.

SANTOS, Jerônimo Jesus dos. *Previdência privada*: lei da previdência complementar comentada. Rio de Janeiro: Livraria Jurídica, 2005.

SOUTO MAIOR, Jorge Luiz. *Relação de emprego e direito do trabalho*: no contexto da ampliação da competência da justiça do trabalho. São Paulo: LTr, 2007.

SÜSSEKIND, Arnaldo *et al*. *Instituições de direito do trabalho*. 21. ed. São Paulo: LTr, 2004. v. I.

VILHENA, Paulo Emílio Ribeiro de. *Relação de emprego*: estrutura legal e supostos. 2. ed. São Paulo: LTr, 1999.

WEINTRAUB, Arthur Bragança de Vasconcellos. *Previdência privada*: doutrina e jurisprudência. São Paulo: Quartier Latin, 2005.

LOJA VIRTUAL
www.ltr.com.br

BIBLIOTECA DIGITAL
www.ltrdigital.com.br

E-BOOKS
www.ltr.com.br